Oksana Shalygina

Sous emprise

Traduit du russe par
Valentine Mikhaïlova

Éditions de
L'Observatoire

ISBN : 979-10-329-1711-4
Dépôt légal : 2021, février

170 *bis*, boulevard du Montparnasse, 75014 Paris

Je dédie ce livre à mes enfants
George, Alisa et Liliia.

« C’est fini. J’ai viré Piotr car j’en avais assez de tout ça. »

(Post Facebook
du 23 novembre 2018)

Avant-propos

Ce livre retrace la période de ma vie passée aux côtés de l'artiste Piotr Pavlenski. Il ne vise pas à rendre compte de la chronologie des événements, des performances et de leur succès mondial. Tout ça, on peut le lire sur Wikipédia. Mon livre témoigne de ce qui se déroulait dans notre intimité, derrière les portes closes. Du gouffre monumental entre notre vie publique d'artistes et notre vie privée. Cela a duré douze ans.

Notre séparation définitive a eu lieu en novembre 2018. Quelques mois plus tard, j'ai commencé à écrire les premiers textes, qui ont peu à peu pris la forme d'un livre.

Je parle depuis le corps d'une personne coincée dans une relation d'emprise. Pendant longtemps, je n'ai pas trouvé d'autre issue que de resserrer encore davantage la sangle autour de mon cou. C'est la voix d'une victime qui ne comprend pas qu'elle est une victime, elle croit son bourreau, elle seule est responsable de tous leurs malheurs. Elle aime un homme envers et contre tout.

Je détaille des scènes de violence physique et morale, d'humiliation, de passage à tabac, de torture.

Je montre le visage nu d'un hypocrite, un maître de la mascarade, un opposant irréductible au pouvoir acclamé dans le monde entier, un ascète, seul contre tous, un messager des dieux mettant la machine du pouvoir à genoux qui s'est révélé être un tyran domestique, un dictateur, un gardien de prison, utilisant tous les ressorts du pouvoir qu'il combattait.

Il m'a tenue en laisse pendant des années. La tête sous le couperet de la peur, j'étais obéissante. Je me suis tue tout ce temps, personne ne savait ce qui se passait dans notre intimité. C'est la première fois qu'on entend ma voix.

Je tiens à montrer le gouffre entre les deux mondes dans lesquels j'ai évolué douze ans durant, en parallèle. On m'a connue comme une femme sûre d'elle, capable d'agir, camarade combattive, mère de deux enfants merveilleux, amie de toujours. En réalité, j'étais une femme effrayée, tétanisée par l'horreur, n'osant dire un mot de travers à son maître.

J'écris cela pour les femmes qui se trouvent toujours entre les pattes de tels monstres. Qui n'arrivent pas à partir, que les cauchemars réveillent la nuit, que ces mêmes images hantent le jour. Je voudrais transmettre un message d'espoir, dire que même quand on est battue et violée par l'homme qu'on aime, on peut s'en sortir. Mais ce n'est pas tout de partir, le tout est de réussir à vivre après cela. J'écris cela pour les hommes auteurs de violences entre quatre murs. Ce livre est un avertissement pour quiconque voudrait franchir les frontières qui séparent ses actes de la loi.

Ma libération

La première fois que j'ai éprouvé une sensation de libération, je quittais l'obscurité et le froid interminable de ma Sibérie natale. Nous étions en 1996. Je prenais mon envol pour Saint-Pétersbourg, une ville grise qui, à mes yeux, brillait de mille feux. Elle était vibrante, vivante. Je sentais comme elle m'appelait. Tout au long de ma dernière année de lycée, je ne tenais plus assise sur ma chaise. Je savais qu'au mois de mai, je quitterais mon trou obscur et que la vie, la vraie, commencerait.

À Saint-Pétersbourg, les premières rave-parties m'avaient accueillie avec leur clameur naissante, leurs couleurs acides et leur rythme hypnotisant. Nous faisions la fête vingt-quatre heures sur vingt-quatre. Le monde qui m'entourait se transformait à toute vitesse. L'Union soviétique avait achevé son agonie. Ses vestiges finissaient d'être soufflés par les vents. L'université n'était qu'un prétexte pour fuir la prison qu'était ma vie d'avant. Mais aussi loin que je me souvienne, j'avais toujours rêvé d'accomplir de grandes choses.

En écrivant ces lignes, la nostalgie me submerge. J'inspire l'air humide, refais le parcours menant de la grande librairie Dom Knigi à la place Sennaïa en longeant les rives du canal Griboïedov. Quand je pense à Saint-Pétersbourg, j'ai de la peine à chasser la boule qui me serre la gorge. Cette ville continuellement froide, pluvieuse et grise, où l'air avait toujours une odeur. Je me souviens de la beauté de ses immeubles, de ses rues et ruelles, du silence orangé du soir.

Quand il est entré dans ma vie, une fulgurance nocturne a illuminé mon existence. La beauté d'une lumière porteuse d'espoir. Sa détermination m'a séduite et m'a transportée sur des rivages de bonheur. Sur les rives des lacs de Saint-Pétersbourg, nous nous sommes unis et nous sommes juré de ne faire plus qu'un ; jamais plus nous ne nous séparerions. Des nuits et des jours de chaleur, l'ivresse de l'été, nos chuchotements dans le silence nocturne comme la certitude d'une promesse réalisée. L'été touchait à sa fin. Ses lèvres ardentes se fondaient avec les miennes, ses bras enlaçaient mon corps. Tout se passait exactement comme je l'avais toujours rêvé.

Entamé sous les lueurs ombragées des rues pétersbourgeoises, notre dialogue s'est poursuivi à l'ombre des tombes, dans les cimetières. Elles n'ont cessé de veiller sur nos conversations existentielles, nos premières grandes décisions, nos voyages dans l'espace et le temps. Nous étions deux comètes éclatantes, nous envolant par-delà les cieux moroses de la vie quotidienne. Toute notre vie d'aujourd'hui a pris ses racines à Saint-Pétersbourg. C'est là que nous avons grandi, que nous sommes devenus nous-mêmes.

Ma deuxième libération, elle a lieu maintenant. Le processus n'est pas terminé. Mais déjà, je quitte le carcan de peurs et de doutes où j'ai si longtemps été enfermée. Je ne suis plus la fillette naïve de Norilsk en Sibérie. Je traîne des valises pleines de courage, de bravoure, d'actions artistiques et politiques. J'ai deux enfants à mes côtés, douze années de sacrifices et de réalisations formidables. Pour prendre conscience de cela, pour prendre conscience de moi, j'ai dû détruire, couper dans le vif la relation la plus forte de ma vie. Avec une personne qui m'a sincèrement et réellement aimée telle que j'étais. Avant que les mots terrifiants ne soient prononcés et que sa silhouette ne s'éloigne dans la nuit pluvieuse.

La solitude était nouvelle et effrayante. Je voulais revoir ses yeux que je connaissais, revenir entre ses bras familiers, retrouver ce lieu stable où tout était déjà décidé à ma place. Mais une autre personne s'éveille maintenant en moi. Une personne ayant enfin droit à la parole et au libre arbitre, une personne écoutée pour la première fois de sa vie, une personne qui a pris une décision elle-même et s'y tient avec bravoure. Ma peau vacille encore mais à l'intérieur, je m'emplis de chaleur et de joie.

Le changement m'émerveille. Mon excitation ne cesse de croître, une force nouvelle m'emplit. Elle aspire au mouvement, exige de l'espace pour se déployer. Des heures de réflexion, plusieurs kilos de cigarettes fumées avec ardeur, un nombre incalculable de soirées silencieuses bravées grâce à la lecture, les yeux ivres de sommeil dévorés par la passion, pour la première fois de ma vie. Le matin, je bondis hors du lit, impatiente d'entamer une nouvelle journée. Je me jette sur les livres, les textes, les articles, les films. Comme si je n'avais rien mangé depuis longtemps et que je venais de prendre place autour d'une table de banquet. Je dévore tout. Je suis impossible à rassasier.

Les interdits partent avec la peur. Les digues se rompent. Un flux étourdissant d'impressions, de souvenirs, d'observations, d'où jaillit mon « moi ». Je deviens actrice des événements. Je commence à vivre.

Si cette libération a été difficile, c'est surtout à cause du prix qu'elle nous a coûté à toutes les trois. Cette leçon m'accompagnera jusqu'à la fin de mes jours. Elle demeurera dans ma mémoire et dans celle de mes filles. Nous la porterons ensemble, tout au long des années.

Se libérer exige de réunir un certain nombre de conditions. Cela ne s'invente pas, ne se décrète pas. C'est un besoin, au même titre que respirer, étancher sa soif, dormir la nuit.

« Vouloir de grandes choses. »

Je pense que mon émancipation a éclos de cette phrase.

La rencontre

Été 2006. Le bar Fidel, en plein centre de Saint-Pétersbourg. Trois heures du matin. La fin de mon service.

À l'époque, j'étais serveuse en période d'essai au café Macaronis, rue Rubinstein. Je venais d'abattre un mois de travail. C'était dur mais au moins j'avais toujours de l'argent en poche. Et surtout, je n'avais plus honte de regarder mes parents en face. J'avais 27 ans et toujours pas la moindre idée de ce que j'allais faire de ma vie.

Mon ami Eddy, qui vivait à Hambourg, était de passage pour quelques jours. À ma sortie du travail, nous buvions des bières dans la rue à côté du bar et évoquions le passé en riant. Comme à mon habitude, je lançais des coups d'œil aux alentours. Je ne fréquentais personne à ce moment-là.

Avant que mon regard ne vagabonde plus loin, je l'ai aperçu : « Oh, il est mignon, lui ! »

Je suis allée aux toilettes. Quand je suis sortie, Eddy discutait avec le gars que j'avais remarqué. De près, il me plaisait encore plus. Seule sa voix était désagréable. Mais son physique compensait ce défaut. Il s'appelait Piotr.

Eddy est parti voir des amis, nous sommes restés au Fidel. Sa beauté me fascinait. Il était artiste. J'étais incapable de détacher mon regard de lui. Après mon service, j'ai empoché ma paye et ai décidé d'offrir ma tournée. Contre toute attente, il m'a embrassée.

Le monde s'est arrêté et en même temps, il s'est mis à tourner avec une puissance affolante. Il nous a entraînés dans son mouvement. Nous ne faisions plus qu'un. Plus rien n'existait autour de nous. Nous étions seuls, élancés dans l'univers, entourés d'étoiles, de fulgurances, du soleil, de la lune, de voies lactées. Nous nous étions trouvés. Nous avons passé la nuit ensemble, sans pouvoir décoller nos lèvres l'un de l'autre.

Impitoyable, le matin est arrivé. À l'aube, alors que nous rentrions en taxi, nous nous sommes rendu compte que nous vivions dans le même quartier. Je l'ai invité chez moi. Je vivais avec mon fils et mes parents, qui avaient alors quitté la Sibérie pour me rejoindre à Saint-Pétersbourg. À la maison, tout le monde se réveillait doucement. Ce n'était pas le bon moment. Nous sommes redescendus, nous nous sommes dit au revoir. Je devais pointer au travail à 9 heures. J'ai mis mon réveil et me suis endormie, heureuse.

À 9 heures, mon patron m'a appelée. J'ai marmonné quelque chose d'incompréhensible. Réponse méfiante à l'autre bout du fil.

– Vous êtes en période d'essai.

– Oui, je sais.

– Vous viendrez travailler aujourd'hui ?

– Non, je ne me sens pas bien.

– Très bien.

Puis après une pause :

– Nous n'avons pas besoin d'une employée comme ça. Plus la peine de revenir.

Il a raccroché.

En pleine gueule de bois, une vague de panique a déferlé sur mon cerveau diminué. Oh non ! Qu'est-ce que j'allais dire à mes parents ! Mise à la porte avant même d'avoir été embauchée. J'étais vraiment une incapable. Un échec de plus !

Je me suis rendormie. Au réveil, je tremblais. J'avais dû dormir deux heures tout au plus. Mes parents ont emmené mon fils à la datcha. Un week-end vide s'étendait devant moi.

J'ai passé ma journée à tenter de retrouver un équilibre. Quand je pensais à Piotr, un sourire inamovible se dessinait sur mon visage. La nuit dernière, quelque chose d'important avait eu lieu. J'essayais de ne pas trop y penser pour ne pas gâcher ce qui venait de commencer. Une promesse de bonheur.

Un conte de fées

Nous faisions de longues promenades. Il aimait Saint-Pétersbourg autant que moi, avec ardeur et passion. Nous flânions le long des quais, faisions des tours de barque sur la Neva. Allions voir des amis. Découvrions la ville ensemble. Partagions nos secrets. Nos adresses cachées. Nous discutions beaucoup, de grandes conversations sur le sens de la vie, l'art, l'avenir. Nous parlions de nos rêves et de nos douleurs passées. De nos parents, de nos espoirs déçus, de la mort.

Le cimetière de Smolensk sur l'île de Vassiliy devint notre havre de paix. Nous nous baladions dans ses allées étroites, enceintes de tombes anciennes tapissées de mousse et d'arbres s'élevant au ciel. Un silence solennel y régnait.

Ma vie était un désastre. Des disputes permanentes avec mes parents, mon fils. Mon petit garçon était âgé de cinq ans. Il est né alors que j'avais 22 ans, d'un premier mariage. Je l'adorais mais ne savais pas quoi faire de lui. Je n'avais aucune idée de la façon dont j'allais construire ma vie. Depuis que je vivais avec ma famille, je devais rendre des comptes en permanence. Je me sentais coupable jour et nuit. Travailler comme serveuse était la seule chose que je savais faire. Pas besoin d'utiliser mon cerveau. Rien que mes jambes, mes bras et mon sourire.

Je n'avais aucune estime pour moi-même. Je me contentais d'exister. Je ne réfléchissais pas à ma vie. Je la vivais, au jour le jour. Piotr me comprenait. Nous parlions longuement de mes parents. Il m'écoutait patiemment.

Le flicage domestique devenait de plus en plus étouffant. Une sangle se resserrant autour de moi. J'étais une mauvaise mère, je devais me justifier pour chacun de mes actes, être à la maison tous les soirs. J'étais tiraillée entre Piotr et ma famille. Pour chacun de nos rendez-vous, je devais arracher le droit de sortir de la maison. Ma mère multipliait les provocations à mon encontre. Un chemin pavé de culpabilité, un labyrinthe dans lequel je m'enlisais de plus en plus. Aussi loin que je me souvienne, cela avait toujours été ainsi. Mon père passait sa vie affalé devant la télévision. Il était devenu son écho depuis longtemps. Sans avis, sans désirs propres. Moi, elle n'avait jamais réussi à me soumettre. Je la craignais. Mais je continuais à me rebeller.

J'ai choisi Piotr. Il m'apaisait, me comprenait. Nous nous voyions tous les jours. Il était honnête et droit. Je savais à quoi m'attendre de sa part. Il m'aimait.

Une fois, alors que nous étions au cinéma en plein air, j'ai été saisie par un sentiment étrange. Tout d'un coup, je l'ai trouvé distant. Lointain. J'étais incapable de regarder l'écran. Un essaim de doutes bourdonnait dans mon cerveau irrité. Ça y est. Je ne l'intéressais plus. Qu'avais-je cru ? Cela ressemblait tellement à un conte de fées. Regarde-toi ! Il est bien trop splendide pour toi. Tu es un pathétique laideron rongé par la vie, me disais-je.

Pendant toute la durée de la séance, je me voyais déjà lui dire au revoir. Je le perdais. Je portais le deuil de notre amour en soupirant.

Nous sommes rentrés à pied depuis l'arrêt Sportnivnaya. Lorsque nous avons franchi le grand pont, j'avais le cœur lourd. Il a commencé à parler, m'a expliqué qu'il avait des problèmes mais qu'heureusement, maintenant, j'étais là, nous étions ensemble. Il se savait à sa place. Il se sentait léger.

Je n'en croyais pas mes oreilles. Dans ma tête, je lui avais déjà dit au revoir. Non, il avait décidé de rester. Il m'acceptait, avec tout mon bagage, mes parents, mon enfant, il me voyait telle que j'étais. Il était à côté, il n'avait l'intention d'aller nulle part. Pour la première fois de ma vie, je comptais pour quelqu'un.

Mon monde était sens dessus dessous.

Lui. Rien que lui. J'aurais tout fait pour lui.

Le vélo

Sa capacité à résoudre des problèmes m'impressionnait. Pas de longs bavardages, ni d'atermoiements inutiles. Il agissait. C'était tout.

Une fois, chez lui, à Saint-Pétersbourg, près de l'arrêt Primorskaya. Quelques jours auparavant, je lui avais dit que j'avais toujours rêvé d'avoir un vélo. C'était le matin, nous nous réveillions tout juste. Manteau gris, short blanc. Il s'est habillé dans l'entrée.

– Tu vas où ?

– Je vais te chercher un vélo. J'en ai acheté un à une amie, pour toi.

La mâchoire m'en est tombée.

Personne n'avait jamais fait une chose semblable pour moi. Pour lui, tout était simple et clair. S'il fallait agir, il agissait.

Les lacs

Il avait une tonne d'amies, des filles qui se pâmaient devant lui. Mais il ne leur accordait aucune attention. J'étais jalouse de chacune d'entre elles. Il ne comprenait pas de quoi je parlais.

Nous sommes partis en vacances sur les rives de la Vuoksi, la rivière au confluent de la Russie et de la Finlande. À un endroit, la rivière se scindait en une multiplicité de petits îlots. Nous avons loué une barque et pagayé jusqu'à l'une de ces îles. Nous partagions la barque à quatre. Piotr, moi et deux de ses amies. Dès que quelqu'un fatiguait, l'un de nous le relayait à la rame.

La rivière était large et puissante. Nous nous laissions porter par les vagues et le vent. Le courant était fort. Nous avions peur de ne jamais atteindre le but que nous nous étions fixé. L'impression que la barque allait chavirer et que nous finirions noyés. Au bout de quelques heures, nous parvenions au but épuisés. Une petite île avec une clairière où camper et faire du feu. C'était l'été indien. Il faisait très chaud. Nous sommes restés dix jours. Nous nous baignions, écoutions de la musique, bronzions, faisions des barbecues, regardions le soleil se coucher, dormions dans des tentes.

Le temps s'écoulait imperceptiblement. Les amies ont fini par rentrer.

Nous sommes restés tous les deux. Nous discutions sans cesse, nous avions toujours des choses à nous dire. La nuit, nous nous murmurions des secrets à l'oreille. J'étais absolument heureuse. Mon idéal, c'était lui. Il était aimable, tendre. Il se donnait entièrement à moi avec son corps jeune et souple. Il me disait que j'étais sa moitié. Qu'enfin, il m'avait trouvée.

Nous mangions du ragoût au sarrasin, buvions du thé et parlions d'art. Je l'écoutais bouche bée, il était différent, je n'avais jamais connu personne comme lui. Un artiste. Un vrai artiste. Je venais d'un monde petit-bourgeois, où la télévision seule tenait lieu d'art. Avec lui, j'apprenais à connaître Malevitch et son carré noir, prêtais attention aux couleurs dans la nature, découvrais que la peinture était partout autour de nous. Mon horizon s'élargissait sans cesse, s'emplissait de teintes, de significations, de nouvelles impressions. C'était ça que j'avais cherché toute ma vie. Tous ses faits et gestes resplendissaient d'une lumière totalement neuve. Il scintillait.

Le cimetière de Smolensk

Nous étions assis à côté de la chapelle Sainte-Xenia au cimetière de Smolensk. Nous y passions beaucoup de temps. Piotr se drapait dans un silence équivoque. Je sentais qu'un mouvement important s'accomplissait en lui. Quelque chose qui transformerait notre vie de façon irrévocable, définitive. Pour ne pas briser la fragilité de l'instant, je ne disais rien non plus. Il a commencé à parler.

– J'ai réfléchi. J'ai envie de vivre avec toi. Je n'étais pas sûr mais maintenant je le sais avec certitude. C'est ça que je veux.

J'étais folle de joie. Mon homme voulait vivre avec moi ! Mon bonheur était sans limites. Je voyais déjà notre avenir radieux se profiler sous mes yeux. Avec Piotr et Gosha, mon fils. Nous allions vivre tous ensemble. Piotr me permettrait de quitter mes parents. Me protègerait d'eux. Désormais, c'était lui qui prendrait soin de moi. Mon rêve devenait réalité. Je le regardais les yeux pleins d'admiration. J'étais prête à mourir pour lui. Il était mon sauveur.

Table rase

Nous avons loué un appartement ensemble sur l'île Vassilievski, à Saint-Pétersbourg. Un deux-pièces. Une pour nous, une pour Gosha. J'étais heureuse. Mais tout de suite, quelque chose est allé de travers. Piotr trouvait sans arrêt des défauts à Gosha. Il se focalisait sur des détails négatifs, le dénigrait, était désagréable envers lui. La nuit, il rêvait que Gosha faisait irruption dans notre chambre pour lui faire peur. La présence de mon fils dans notre appartement le mettait mal à l'aise. Elle l'angoissait, prétendait-il. Tous les jours, il répétait la même chose. Je me suis mise à confier Gosha à mes parents de plus en plus souvent. À le retrouver là-bas.

Mon merveilleux petit Gosha. Je souffrais de ne pas le voir tous les jours. Il me manquait atrocement. La culpabilité de le laisser chez mes parents était dévorante. Je voulais l'avoir à mes côtés tout le temps. L'impatience de Piotr ne cessait de croître. Il a fini par émettre un ultimatum. Piotr m'a ordonné de laisser Gosha à mes parents et de disparaître de leur vue pour quelques mois, de couper tout contact. J'ai obéi. Je l'ai choisi lui, mon homme. Pour que ce nouvel amour faisant table rase du passé existe, j'ai sacrifié mon fils.

C'est la chose la plus affreuse et la plus difficile que j'ai faite de ma vie. Mon acte m'horrifiait. Pendant des années, je me suis réveillée chaque nuit avec des cauchemars. Mais j'ai aussi fini par comprendre que je ne pouvais plus revenir en arrière. J'ai capitulé.

Piotr a remplacé tout et tout le monde. Son enfant s'est mis à grandir en moi. Une petite fille. C'était une promesse de bonheur et de félicité. Piotr me donnait tout : de l'attention, de la chaleur, de la douceur, de la tendresse, de l'amour. En échange, je ne devais faire qu'une seule chose : oublier. Oublier ce que j'avais laissé derrière moi pour toujours.

Je n'ai plus jamais parlé de mon petit garçon. Mes pensées et mes visions nocturnes restaient cachées au fond de moi. Chaque nuit avant de m'endormir, je lui souhaitais du bonheur. Je le voyais dans son petit lit, je m'imaginais en train de l'embrasser. Mes lèvres effleuraient ses petites joues, je le serrais contre moi, lui disais que je l'aimais, que sa maman serait toujours avec lui, même s'il ne la voyait pas.

C'était l'enfer. Il n'y a pas de torture plus terrible pour une mère que d'abandonner son petit. J'ai survécu à ça. À ça aussi.

Pour commencer une nouvelle vie avec Piotr, une vie où le passé n'existerait plus, j'ai dû arracher mon cœur. Je ne comprenais absolument pas, à l'époque, les conséquences qu'aurait cette décision terrible.

Nouvelle vie

Ma punition ne s'est pas fait attendre. Mon corps a réagi par des attaques terrassantes de migraine ophtalmique. En russe, on parle de migraines « en mosaïque ». C'est exactement cela. Ma vue se lézardait, comme à travers un kaléidoscope. Une sensation de culpabilité permanente s'est installée en moi. Je m'en voulais infiniment d'avoir agi ainsi.

Très vite, mes deux filles sont nées. L'une après l'autre. Alisa en 2008 et Liliia en 2010. Mon affection pour elles a peu à peu remplacé celle que j'avais pour Gosha. J'ai enterré ma souffrance au plus profond. Je me suis aveuglément jetée dans ma nouvelle vie. Une vie au jour le jour, où les soucis quotidiens ne manquaient pas. Mes cauchemars ont fini par cesser. Je vouais une attention sans limites à mes deux enfants. Celle que j'aurais aimé offrir à tous les trois. Je les entourais de toute ma tendresse et de tout mon amour. Je voulais prouver que je n'étais pas une mauvaise mère, que j'étais capable de bien faire mais qu'à l'époque, je n'avais pas réussi.

Je nous revois dans la pièce principale de notre appartement à Saint-Pétersbourg. Je partage le salon avec les filles, la pièce abrite aussi la cuisine. Piotr a sa propre chambre. Il est étudiant à l'Académie des beaux-arts de Stieglitz, suit les cours des facultés d'art monumental et d'arts décoratifs. Il dessine et fait de la peinture à l'huile. Il dissout ses teintes à l'aide de puissants produits chimiques à l'odeur suffocante. Un immense chevalet trône au milieu du salon. Il est caché derrière. Les enfants n'ont pas le droit d'émettre le moindre bruit, ça le déconcentre. Nous sommes assises en silence. Les fenêtres sont fermées. La pièce empeste. Nous avons du mal à respirer.

– Pourquoi tu ne peins pas dans ta chambre ?

– Ici, la lumière est meilleure.

Je commence à avoir une poussée de migraine. Une attaque après l'autre. Des dizaines d'attaques les unes après les autres. La réalité tombe en pièces. D'abord les fragments aux couleurs stridentes des tableaux de Kandinsky puis tout se brouille en une tache bourdonnante. Je n'entends et ne vois presque plus rien, je suis aveuglée et assourdie.

Désorientation complète. Quand les symptômes visuels disparaissent, un mal de tête terrassant demeure.

Au bout de la dixième attaque, nous appelons une ambulance. Le médecin me fait une piqure et relève l'odeur des produits chimiques dans la chambre. « C'est elle qui provoque les attaques », dit-il.

Couvent

Un été à Saint-Pétersbourg. Je suis cette grande fille aux cheveux fins, le regard dans le vide, au bras de son amoureux. Au croisement des rues Nakhimov et Nalichnaya, nous abordons l'éventualité d'une séparation. La chaleur assèche les pousses du printemps. L'air est saturé de poussière. L'herbe se raréfie et se replie vers le sol.

La vie de famille m'oppresse. Seule avec les enfants, entre les quatre murs d'un appartement situé dans une cité-dortoir, je m'ennuie à mourir. Une existence monotone, où chaque journée ressemble à celle d'avant. Cette stabilité prévisible me rend folle. L'homme quitte la maison au petit matin. Il rentre le soir, mange et se couche. Il évolue, se transforme, devient l'artiste qu'il a rêvé d'être. Quant à moi, je rétrécis et me rapetisse. Je deviens une femme au foyer.

– Je ne sais pas ce que tu vas faire, si on se sépare. Qu'est-ce qui te restera ? Tu n'auras plus qu'à entrer au couvent.

La sentence me gifle les oreilles. La marque de mon insignifiance, un diagnostic définitif. Il me fait prendre conscience que mon existence n'a aucune valeur. Je ne suis que quantité négligeable.

Après des échanges comme celui-là, je redouble d'efforts. J'expédie les tâches quotidiennes avec encore plus de rapidité et d'efficacité, multiplie les attentions auprès des enfants, améliore mes performances culinaires et attends son retour le soir radieuse, rayonnante de vie. La seule chose qui m'épanouit est d'écouter ses récits et ses impressions de la journée. Je n'existe qu'entre son arrivée et son départ.

Tu le feras pour nous

Nous allons souvent voir des expositions au Musée russe. Je commence à avoir de bonnes notions d'histoire de l'art, à distinguer les artistes et les courants. C'est la première fois que j'étudie quelque chose avec le cœur. Je lis les catalogues en chantonnant, admire les tableaux pendant des heures.

Le quotidien, les enfants. Tout s'efface, quand Piotr et moi parlons d'art. Un monde fabuleux régi par des lois singulières s'ouvre à moi. Un univers lumineux, où tout repose sur l'alchimie de la lumière, des symboles et des signes, accessible seulement aux initiés. Je me sens prendre part au grand, à l'intemporel. Le charme opère dans le silence des grandes salles de musée. Pavel Filonov, le Caravage, Matisse, Picasso. Leur vie, leur art. Je suis enchantée. Mon âme s'élève par-delà la vie matérielle grise, où chaque jour est identique au précédent, où rien ne laisse présager le moindre changement. Lors de ces instants, rien n'existe hors des portes du musée.

Mais chaque fois, il faut quitter les cieux pour descendre sur terre. À la recherche d'un lien continu et indestructible avec ce monde merveilleux, je rencontre Nikita. Il dirige un espace d'exposition à Kouptchino, dans la banlieue de Saint-Pétersbourg. Un lieu immense et lumineux. Ses grands murs blancs m'appellent, j'ai envie de les recouvrir, recréer l'atmosphère mystérieuse des musées, faire entrer l'art dans la vie monotone des habitants des barres d'immeuble. Et c'est ce que nous faisons.

Avec nos propres fonds, nous organisons une exposition du jeune artiste pétersbourgeois Kirill Chamanov. En contrepoint au réalisme socialiste, qui prétendait faire advenir l'homme nouveau, bâtisseur du communisme armé d'une faucille et d'un marteau, le courant du Gop Art auquel il appartient rend visibles les innombrables prolétaires déclassés des faubourgs, ces grands perdants de la Russie contemporaine que l'on appelle vulgairement « gopniks ».

L'exposition est audacieuse, déroutante. Exactement comme je l'avais rêvée. Piotr y participe, lui aussi. Ses œuvres – les seules qu'il ait jamais vendues – sont immédiatement achetées par un oligarque de Rostov-sur-le-Don. Heureuse, je contemple mon avenir avec confiance. Je me vois déjà directrice, les lèvres rouges et la coupe de cheveux chic, arpentant mon domaine aux murs immaculés lors du vernissage d'une énième exposition d'art contemporain.

Mais Piotr n'a pas cette ambition pour moi. Il refuse que j'envisage une telle chose. Nous sommes au seuil de la porte de notre appartement. Je réplique d'un ton rude que je ferai ce qui me chante, que je continuerai à préparer des expositions avec mon ami Nikita.

Soudain, un coup atterrit entre ma taille et mes cuisses. Je me change en statue. Mon corps est paralysé. Je le regarde d'un air abasourdi. Je n'y crois pas. Je m'attends à ce qu'il éclate de rire, me dise que c'était une blague. Mais son visage est pâle comme la mort. Tendu comme un arc, il est prêt au prochain coup.

– Tu feras ce que je te dirai de faire. Ce dont j'ai besoin. Ce dont nous avons besoin. Tu le feras pour nous.

Quelques minutes plus tard, la blessure, le ressentiment, l'amertume sont déjà oubliés.

La chaleur de l'impact se diffuse dans mon corps. Comment ai-je pu être si égoïste, ne penser qu'à mon plaisir ? Je suis d'accord avec tout. Il faut le faire pour nous.

– Trouve de l'argent pour du fil de fer barbelé, passe commande et fais-le livrer ici.

– D'accord.

Le monde retrouve ses contours. Je remarque les nuages derrière la fenêtre, je perçois le chant des oiseaux. Devant nous, le but est clair. Le chemin pour parvenir à sa réalisation, c'est-à-dire à la paix, est droit et simple. La tension s'atténue, nous échangeons quelques phrases, signe que le conflit est terminé. Il suffit que je sois obéissante pour gagner son respect.

Flashback

Une scène me revient : Liliia est dans mes bras, elle est encore bébé. J'ai dû dire un mot de travers, quelque chose que je n'aurais pas dû dire. Je mets du temps à me souvenir. Les images sont floues. Il s'approche rapidement, me pousse. Des heurts, des coups. Je tombe sur le lit. Je couvre Liliia. Elle fond en larmes.

Maintenant, je vois les images au ralenti. Mon corps est prêt à recevoir les coups. Il est au-dessus de moi et me frappe avec une chaise Ikea. Nous l'avons peinte ensemble quelques jours plus tôt.

Je vois son visage sur lequel tombent ses longs cheveux. Alisa est assise sur le même lit, elle regarde un dessin animé.

C'est ainsi que je me souviens. Par flashs. Un cadenas scelle ma bouche. Je me subordonne entièrement à lui. À ce moment-là, j'allaite ma cadette, l'aînée est âgée de trois ans. Je suis dans la survie. Les blessures du passé reléguées au second plan, je me retrouve dans une situation encore plus complexe et confuse qu'avant notre rencontre.

Action « Carcasse »

Le 3 mai 2013, Piotr Pavlenski organise une action contre les politiques répressives du gouvernement russe. Ses assistants l'amènent nu à l'entrée principale de l'Assemblée législative de Saint-Pétersbourg, enveloppé dans un cocon de plusieurs couches de fil de fer barbelé, métaphore de la place de l'homme dans un système de lois répressives. Silencieux, l'artiste se tient recroquevillé à l'intérieur du cocon et ne réagit pas aux actions des autres jusqu'à ce qu'il soit libéré par la police. Cette action reçoit le prix alternatif d'art activiste russe dans la catégorie « Actions mises en œuvre dans l'espace urbain » en 2013.

À propos de cette œuvre, Piotr Pavlenski fait la déclaration suivante : « Toutes les lois réprimant l'activisme politique citoyen, l'intimidation de la population, le nombre croissant de prisonniers politiques, les lois contre les ONG, les lois prohibant l'accès à certains contenus aux mineurs, toutes les lois qui censurent, l'activité du Service fédéral de surveillance des communications, des technologies de l'information et des médias, les lois contre la "propagande homosexuelle" – toutes ces lois ne visent pas les criminels, mais les gens. Et enfin, maintenant, la loi sur le blasphème et l'offense des sentiments des croyants. Voici les raisons pour lesquelles j'ai fait cette action. Le corps humain est nu comme une carcasse. Il est enveloppé de fil barbelé, celui-là même qui sert à parquer le bétail. Ces lois sont pareilles au fil de fer, elles maintiennent les gens dans des enclos individuels : la répression envers les militants politiques, les "prisonniers du 6 mai", les répressions gouvernementales sont illustrées par la métaphore de l'enclos en barbelés. Tout cela est fait pour transformer les gens en bétail bien gardé et sans libre arbitre, incapables de faire quoi que ce soit d'autre que consommer, travailler et se reproduire. »

Dr Jekyll et Mr Hyde

L'adrénaline dans les veines me fait tressaillir. Sa figure est blanche comme un linge. Longtemps après, ses mains tremblent encore. Il a deux visages, deux personnalités.

Il est tantôt bon, tantôt monstrueux. Ces deux facettes s'alternent brutalement. Le gentil se réveille toujours juste après l'autre, effaçant aussitôt son existence de sa mémoire. Le monstre n'existe plus. De temps à autre, il fait des apparitions furtives avant de disparaître aussi vite qu'il est venu. Le gentil l'emporte. C'est lui qui est là, la plupart du temps. Qui donc se souviendra de l'autre, de ses maladresses minuscules ?

Et chaque fois, au moment où je vois l'autre poindre, je me dis que c'est la dernière fois. Plus jamais, je ne m'autoriserai à prononcer un mot de travers, penser de travers, agir de travers, désirer de travers. Le méchant ne surgit que quand je le mérite, lorsque je me comporte mal. Il suffit que je fasse un petit effort, que je sois sage. Ce n'est pas compliqué. Mais sans que je sache pourquoi, ma bouche immonde s'ouvre, parle fort, débite des énormités. Comme si j'avais le droit de dire tout ce qui me passe par l'esprit, comme si quelqu'un m'avait donné la parole, comme si je le faisais exprès. Je ne peux pas m'en empêcher. À ces moments, j'ai l'air pathétique. Je suis une créature bâtarde, une conne stupide qui ne se rend pas compte de sa chance inouïe, du privilège de pouvoir vivre à ses côtés.

Avec le temps, j'apprends à lire ces surgissements sur son visage, à les deviner en voyant les traits de son visage magnifique se crisper. Ses lèvres se resserrent en une ligne fine et tendue, le signe terrible du monstre qui approche. En voyant ses lèvres s'affiner, j'adapte mon comportement. Je baisse le ton, deviens douce et conciliante. Quand mon corps cesse de réagir aux coups, je m'habitue et ravale l'angoisse et les cahots en quelques instants.

Il ne frappe jamais mon visage. Toujours mon corps. La plupart du temps avec les pieds. Il sait mal se servir de ses mains.

Action « Fixation »

Le 10 novembre 2013, Piotr Pavlenski cloue son scrotum aux pavés devant le mausolée de Lénine, sur la place Rouge, à Moscou. Cette action coïncide avec la Journée annuelle de la police russe.

Déclaration de Piotr Pavlenski : « L'artiste nu contemplant ses testicules cloués sur le pavé est une métaphore de l'apathie, de l'indifférence politique et du fatalisme de la société russe contemporaine. Ce n'est pas la démesure bureaucratique qui prive la société de ses possibilités d'action, c'est sa propre fixation sur ses défaites et ses pertes qui l'arrime de plus en plus fortement au pavé du Kremlin, transformant le peuple en armée de statues apathiques, attendant patiemment qu'on décide de leur sort. »

Tentative de sauvetage

J'ai une nouvelle amie. Elle suit les mêmes cours que lui au sein de la fondation Pro Arte à Saint-Pétersbourg. À un moment où l'on entend rarement le son de ma voix autre part que dans la cuisine, Marina surgit du brouillard.

Nous nous rapprochons rapidement. À ses côtés, je me sens apaisée, elle m'inspire confiance. Son timbre agréable piétine le sceau de mon silence. Les mots fusent de ma bouche. Se déversent en une cascade de paroles. Trop longtemps, j'ai caché, feint que tout allait bien. La tension permanente, l'interdiction d'avoir des amis en dehors de lui m'a épuisée. Marina m'écoute et me croit. Enfin, parler à quelqu'un, sans penser aux conséquences. Quel soulagement !

Elle pose des mots terribles sur la réalité que je vis. Le désigne comme auteur de violence conjugale. Ses mots m'effraient. Ils sont trop courageux, trop francs.

Je l'écoute, sans comprendre que c'est de moi qu'elle parle. Ma situation est différente, je m'échine à le prouver. Certaines femmes sont rabaissées et humiliées sans aucune raison, par pure cruauté. Mais dans mon cas, c'est de ma faute. Ce sont toujours mes mots, mes actes qui déclenchent cela. Je le provoque. Il n'est pas cruel par nature. Cela ne lui procure aucun plaisir, aucune satisfaction. Après, il se sent mal, il ne veut pas faire ça. C'est moi qui le force. J'oblige une personne honnête à se transformer en animal. Se dédoubler de la sorte le dégoûte. Alors je m'en veux encore plus.

Quoi que je fasse, je suis en faute. Un cercle vicieux. Je me déteste, me punis à coups de régimes. Je veux être mince et jolie pour qu'il me trouve agréable à regarder. Dès que je prends du poids, il me le fait remarquer. Une sommation pour me remettre au régime d'urgence. La nourriture normale est bannie de mon alimentation depuis longtemps. Je m'interdis presque tout. Le lait et le sucre dans le café. C'est le dernier luxe que je m'octroie.

Pour supporter la faim et la tension, je grignote des tonnes de graines de tournesol. Je fais ça tous les jours. Des années durant. Mes doigts sont gonflés par des ampoules impossibles à soigner, je ne sens rien au bout. Quand j'ai du temps libre, seule à la maison, les enfants au lit, le repas sur la table, je me campe devant l'ordinateur avec deux tasses devant moi. L'une pour les graines, l'autre pour les épluchures. Je regarde *La Bataille des voyants*, une émission russe inspirée de la série britannique *Britain's Psychic Challenge*. Un show de télé-réalité autour de la voyance et des médiums. Je scotche. À ces moments, je me recharge. Personne ne le sait. J'ai très honte de ce passe-temps. Piotr méprise tout ce qui est ésotérique. D'après lui, seuls les losers peuvent croire en ces insanités. Moi, ce monde invisible m'intrigue et m'attire depuis toujours.

Je me vois avec ses yeux. Le programme télé et les graines, l'activité du bas peuple. C'est répugnant, je le sais. Mais je ne peux rien y faire. C'est ma seule façon de me reposer. De trouver un équilibre. J'ai honte. Mais c'est un refuge. Quand j'ai fini, je nettoie mes traces infâmes et retourne tranquillement à mes obligations.

Je vis derrière un mur de verre. J'existe et végète dans un désert glacial, où je suis toujours coupable. Tout ce qu'il fait, il dit le faire pour nous. Il fait des études pour nous, il travaille pour nous. Pour nous. Mais moi, ce n'est pas du tout ça que je ressens. Il est à côté mais jamais avec moi. Les coups me font moins mal que le sentiment de flotter dans une zone de jugement grise, à la merci des piques et des sarcasmes, des reproches, du poids de la faute. Être à la hauteur de ses attentes est impossible. J'essaie, je n'y arrive pas. Je m'échine à faire surgir un sourire sur son visage. Cela l'irrite encore plus. À ses yeux, je suis une hédoniste bourgeoise et idiote qui ne pense qu'à manger et à dormir.

Mon amitié avec Marina lui envoie un signal de menace. Il s'inquiète. Me presse de questions. S'enquiert de ce dont nous parlons, si nous parlons de lui. Je mens ouvertement, prétends que nous ne discutons que de la vie privée de mon amie. Je ne peux pas lui dire la vérité. La punition serait immédiate et signerait la fin de notre amitié.

Peu à peu, je renais. Je songe à le quitter. La sollicitude de Marina, son désir de m'aider me redonnent des forces. Elle me conseille de partir et de me remettre à vivre, sans douleur ni humiliation. Je fais ce pas dans le vide.

*

L'appartement de Marina, l'odeur du chat. Derrière la fenêtre, la nuit interminable de l'hiver pétersbourgeois. Impossible de savoir quoi faire, mon cerveau ne marche pas. Une brume où je ne discerne rien, aucune netteté, pas un contour. Tout est brouillé. Seuls les visages de mes filles surnagent, parfois celui de Marina qui me rend visite.

– Je crois que je dois prendre une décision.

Qu'est-ce que je vais faire après ?

Aucune réponse n'est possible. Je ne sais pas. J'ai le choix mais je ne le comprends pas encore. Je suis incapable de penser plus loin que la préparation du repas. Au-delà de l'appartement où elle m'héberge, je ne vois rien.

Au bout de deux semaines, Marina me demande de partir. Dans la cour enneigée, mon père m'attend avec son van noir. Je prépare nos affaires. Je prends le seul chemin que je connais : celui du domicile de mes parents. Retour en enfer. Là-bas, je retrouve mon fils, laissé chez eux il y a plusieurs années, et ma mère qui me déteste. Je suis un échec ambulant, que la vie terrasse. Sans métier, sans argent, sans mari. Privée de droits sur mon fils, je débarque avec deux autres enfants dans ma besace.

Avec les filles, nous dormons à trois dans le même lit. Alisa se réveille en pleurant toutes les nuits. Tout le monde exige que je prenne des décisions, mette les enfants à l'école maternelle, trouve du travail et déménage à nouveau. L'ambiance est tendue. La dernière fois, nous nous sommes quittés fâchés. Personne ne me fait de reproches en face. Je le fais très bien toute seule. Je ne mange pas, ne dors pas. M'annihile. Je ne sais absolument pas quoi faire ensuite.

Trouver du travail. Cette épée de Damoclès pend au-dessus de ma tête. Je ne sais rien faire, ne comprends rien. Hier encore, nous parlions d'art à bâtons rompus. Aujourd'hui, je regarde les offres d'emploi pour devenir femme de ménage.

J'allaite encore ma plus petite fille. Impossible de la laisser à qui que ce soit. C'est un piège. Faire des enfants et ne pas savoir quoi en faire. J'attends. Sans savoir quoi. Un miracle peut-être.

Une pensée résonne de plus en plus souvent dans ma tête.

Lui. Lui. Lui.

L'ennui me cerne. La trivialité du quotidien petit-bourgeois m'étouffe. Les tapis, l'odeur des boulettes de viande, du *bortsch*, la télévision allumée du matin au soir. Un trou sombre et profond.

Lui, c'est la fraîcheur et la liberté. Murs blancs, espaces vierges. À ses côtés, je me sentais vivante. C'est la seule chose dont je me souviens. Son sourire miroite devant mes yeux. Je suis comme une mouche aimantée par une source lumineuse.

C'est moi qui le contacte. Il n'est pas contre.

Nous nous retrouvons près du supermarché Piaterochka, sur l'île Vassilievski. C'est la veille du Nouvel An.

Oui. Il accepte de me reprendre.

Des larmes de gratitude dévalent mes joues. Ma vie s'extirpe de la fade carapace où elle était recluse, s'enlumine à nouveau. Je l'aime tellement.

Il énonce une condition : à partir de maintenant, nous serons en relation libre. Il vient de rentrer d'Ukraine où il a assisté aux événements de la place Maïdan. À l'hôtel « Ukraine », il a passé la nuit avec une fille, Macha. Je refoule ma jalousie.

Le plus important, c'est que nous soyons à nouveau un couple.

Sœur d'armes

Nous passons le Nouvel An ensemble. J'ai droit au compte-rendu détaillé de la nuit passée avec l'autre fille. Le reportage pornographique de ses aventures en Ukraine me blesse. Je veux et ne veux pas savoir. Tout ce temps, il a vécu, vu du monde, flirté, voyagé.

La rivalité me consume. Il a eu quelqu'un d'autre, il a changé, il regarde d'autres femmes. Je tremble, me sens coupable et abjecte. J'ai besoin de tendresse et d'amour. Les paroles de Marina ont depuis longtemps été englouties par le brouillard. Comme si elles n'avaient jamais existé. Je ne me souviens de rien.

Je suis alors responsable de la maison d'édition Propagande politique. C'est un projet de Piotr. Je suis là pour trouver des contacts et des fonds. Comme je suis plus sociable que lui, c'est moi qui me charge de la logistique.

Piotr me demande de publier *Bombastika*, le livre d'Aleksandr Brener, l'un des grands noms de l'actionnisme russe. Avant même d'avoir pris connaissance du texte, j'accepte. Bien sûr ! Quelle question ! Évidemment, je trouverai de l'argent pour le faire !

Je finis par lire le manuscrit. Gargantua, un anarchiste autodidacte avec la traduction d'un texte de Guy Debord sous le bras, démasque la nature véritable de l'Europe sanguinaire en déclamant des leçons sur l'art à chaque coin de rue. Je n'y crois pas mais tant pis. Il veut que je le publie.

Nous planifions une nouvelle action en soutien à la révolution de la place Maïdan. Nous suivons les événements en Ukraine de très près, convoquons un rassemblement d'anarchistes sur la place Sennaïa. L'adrénaline des grands jours pulse à nouveau dans mes veines. Je redeviens la camarade de lutte, la sœur d'armes. Mon avis vaut de l'or.

Se venger des féministes

Une fois l'action réalisée, il retrouve son visage menaçant. Piotr comprend que Marina sait des choses sur notre relation et risque d'en parler à ses amies, activistes féministes. Il craint pour sa réputation.

– Une conne de gonzesse, cette Marina t'a monté la tête ! Tu es complètement stupide. Tu ne comprends pas qu'elle a fait tout ça pour me nuire ? C'était juste une fille de mon cours. Elle se passionne pour des conneries, le féminisme institutionnel, que sais-je. Je croyais que vous vous voyiez comme ça. Je n'imaginais pas que tu lancerais une telle offensive derrière mon dos. Si tu lui as raconté quoi que ce soit sur moi et sur notre couple, c'est une trahison, tu comprends ?

Je le regarde d'un air abruti. Je n'arrive pas à réfléchir. Il est furieux. Cette discussion finira bien par s'achever, il me suffit d'attendre et de faire tout ce qu'il me demande.

– Tu m'as trahi, tu as trahi les enfants, tout ce que nous avons fait ensemble. Tu attends le bon moment et dès que je me détends, tu me portes un coup dans le dos. Ça veut dire que tu es mon ennemie. On ne peut pas te faire confiance. Ce n'est pas la première fois. Avec toi, je ne sais pas à quoi m'attendre. Maintenant, il faut agir. On ne peut pas laisser cette situation pourrir. Comment tu vas corriger ce que tu as fait ?

– Je ne sais pas. Qu'est-ce qu'on peut faire ? Je ne comprends pas.

– Oksana, t'es vraiment une enflure. D'abord tu fais n'importe quoi et après, tu ne veux pas réparer tes erreurs.

– Mais pourquoi il faut en faire quelque chose ?

– Tu ne comprends pas pourquoi ? Mais tu as une idée de ce que tu as fait ?

Regard abruti de ma part.

– Qu'est-ce que tu lui as dit, au juste ?

Je suis tétanisée à l'idée qu'il apprenne. Je lui ai tout dit. Les coups, les humiliations. La peur de sa vengeance manque de me faire tourner de l'œil. Mais il ne sait pas. À moins que Marina ne lui dise, mais c'est très improbable… Il ne saura pas. Je dois mentir pour sauver ma peau.

– Je lui ai dit que nous avions des problèmes. Que j'ignorais moi-même pourquoi notre relation ne me satisfaisait plus. Que je ne te désirais plus. Que j'avais l'impression que tu pouvais être très dur et que parfois, tu me faisais un peu peur. Voilà ce que je lui ai dit. Elle m'a proposé d'aller voir un psy.

– Ah oui ? Intéressant. Les psys sont payants, tu es au courant ? Elle est vraiment conne. Tu sais à quoi ça me fait penser ? Une usine de transformation de viande. Ces féministes gagnent la confiance des femmes puis hachent leur vie en morceaux. Une fois qu'elles sont foutues, elles les jettent à l'arrière d'un camion poubelle et s'en débarrassent.

Les féministes séparent les femmes de leur homme puis les jettent dans les bras des psys qui leur extorquent de l'argent. Les femmes sont complètement perdantes dans l'affaire. Plus personne ne veut de ces femmes après. Non seulement elles se retrouvent seules, mais en plus, elles doivent travailler deux fois plus pour rémunérer des psys. Les enfants souffrent, les femmes souffrent, les hommes souffrent. Seules les féministes jubilent.

Il veut se venger des féministes. Cela devient une obsession. J'accepte de faire tout ce qu'il me dit. Quitte à trahir mon amie Marina, qui avait sincèrement essayé de m'aider.

Sur ordre de Piotr, je l'appelle pour lui extorquer l'adresse de la chef de file des féministes moscovites. Je me rends chez cette dernière, l'écoute me raconter sa vie et enregistre notre conversation. Quelques semaines plus tard, Piotr et moi publions un numéro de notre revue *Propagande politique* sous le titre « Le hachoir féministe ». Nous y mettons en scène notre conversation afin de présenter les féministes comme l'incarnation du pouvoir patriarcal qu'elles combattent.

Je me sens mal à l'aise pendant toute l'opération. Mais je le fais pour Piotr. C'est un dommage collatéral.

Action « Liberté »

Le 23 février 2014, Piotr Pavlenski réalise une action appelée « Liberté » en soutien à la révolution ukrainienne de la place Maïdan. L'artiste et ses camarades construisent une barricade sur le pont de La Trinité à Saint-Pétersbourg, brûlent des pneus et battent des tambours.

Déclaration de Piotr Pavlenski : « Les pneus en feu, les drapeaux ukrainiens, les drapeaux noirs et le bruit des coups sur le fer – voici notre chant de libération, notre chant révolutionnaire. Le Maïdan se propage irrémédiablement et pénètre au cœur de l'Empire. La lutte contre le chauvinisme impérialiste continue ; la cathédrale Saint-Sauveur-sur-le-Sang-Versé est le lieu emblématique où le peuple a assassiné l'empereur, celui qui avait brutalement écrasé les émeutes émancipatrices de la rive droite de l'Ukraine, de la Pologne, de la Lituanie et de la Biélorussie. Nous nous battons pour notre liberté et pour la vôtre[1] ! Aujourd'hui, alors

1. Il s'agit là du slogan caractéristique de la révolution ukrainienne. (NdT)

que l'État fête le Jour du défenseur de la patrie, nous vous invitons à vous lever en honneur du Maïdan et de la défense de votre liberté. Les ponts brûlent et il n'y a pas de retour en arrière. »

Brouillard

Il est mon camarade, mon ami, mon amoureux. Il m'a dit que j'étais une partie de lui. Être cette partie me demande beaucoup d'efforts. Je ne réfléchis pas, j'aime. Je suis prête à me donner entièrement.

Pour moi, il est le monde entier. Je me laisse guider par son pas résolu. Symbole du mouvement, il me conduit à la lumière, me donne accès à la connaissance. Des bribes éclairées de sa pensée parviennent jusqu'à moi. J'attends la becquée qu'il me donne du bout des doigts.

J'accomplis mille tâches pour m'occuper des filles. Je les enveloppe dans la chaleur du foyer. Parfois je songe que nous nous éloignons l'un de l'autre mais je chasse ces pensées aussitôt. Je me console en me disant qu'il est trop occupé à penser, à nourrir nos deux esprits.

Alisa et Liliia grandissent. Lui travaille dur. Entre deux combats, la question « qui suis-je ? » s'impose à moi avec insistance. En guise de réponse, je fais l'expérience du vide.

Il est perpétuellement tendu. De plus en plus souvent, il m'oublie, ne se rappelle mon existence que quand il a besoin de moi. Comme toujours, je suis à côté, j'attends, je suis prête à tout et n'importe quand.

Et à chaque fois qu'il me punit, mon monde tombe en miettes. Je suis une chienne cognée pour avoir aboyé au mauvais moment. La chienne ne comprend pas, elle geint, lèche les pieds de son maître dans l'espoir qu'il lui caresse la tête comme avant.

Après chaque punition, il m'explique que je l'oblige à agir ainsi. Je ne comprends que le langage de la force. Je ne lui laisse pas d'autre choix, puisque je dis des choses vides et banales, au moment où lui doit réfléchir et traîner l'humanité entière derrière ses pas.

J'exulte comme une enfant, reconnaissante qu'il prenne le temps de me montrer mes erreurs. Il finit toujours par me féliciter, me dire que je suis gentille. Je m'y reprends avec plus d'inspiration, d'enthousiasme, prends la responsabilité de décisions importantes. À mes yeux, il est une divinité. Il luit et scintille. Parfois, du haut de son piédestal, il daigne tendre la jambe vers moi pour m'inspirer, me stimuler.

Dans ma tête, le brouillard s'épaissit. Je n'arrive plus à réfléchir, même les pensées simples deviennent hors de ma portée. Quels que soient mes efforts, je n'arrive pas à corriger mes erreurs et continue à dire des choses de travers. Je suis bête, terre-à-terre, j'éduque mal les enfants. Il faut me contrôler et me punir en permanence. Je deviens craintive, timide et soumise. Mais tout de même, chaque fois, il me parle longuement après. C'est que je dois quand même valoir quelque chose, s'il consent à me donner de son temps précieux.

Je ne comprends pas pourquoi je commence à agir bizarrement, pourquoi le brouillard s'alourdit, pourquoi je n'arrive presque plus à me concentrer, pourquoi je me mets à tomber amoureuse du premier venu. Je vois à peine passer les jours, prête peu d'attention aux deux merveilleuses petites personnes, cesse de regarder les ciels que je chéris tant ; je deviens irritable, sèche et fragile. Dans l'attente d'une marque d'attention de sa part, j'évolue dans une brume humide et impénétrable. Quelquefois, il vérifie et constate que les choses ont empiré. Il ne peut pas toujours me punir pour la même chose, il faut trouver de nouvelles raisons. Et puis chaque fois, les longs démêlés après, quelques mots d'amour, brèves éclaircies avant le retour au brouillard.

Son opacité me cache presque tout, obscurcit ma vue ; j'accours au son de sa voix, me cogne contre ses bras et ses jambes, ces heurts me font mal mais après, je finis par sentir une chaleur. J'aimerais toujours m'y blottir, près de cette lueur qui me réchauffe. Chaque nuit, je fais le même rêve : j'ai encore tout gâché, je l'ai trahi et avec lui, l'humanité tout entière. Je reste longuement seule dans le brouillard sombre et visqueux. Je crois mourir dans l'attente de sa lumière. Je ne vois plus passer le temps. Je ne me souviens de rien.

Effraction dans la loi

Rien ne laissait présager cette rencontre. Kostya apparaît dans ma vie à un moment où la brume aurait dû m'engloutir. Un jour de soleil écrasant, sur la plage de Petropavlovsk à Saint-Pétersbourg. La première fois que je l'aperçois, il vient de me dépasser à la nage. L'encre bleue d'un tatouage en forme d'étoile attire mon attention. C'est un symbole de taulard, réservé aux « voleurs dans la loi », la caste supérieure des détenus[1].

La plage devient mon lieu de séjour quotidien. Nous faisons connaissance. Très vite, notre passion s'embrase. Je ne me contente pas d'y succomber. Je l'attise.

1. Les prisons russes sont marquées par un système de castes strictement hiérarchisé. Au sommet de la hiérarchie, on trouve les « *blatnyie* », les « voleurs dans la loi », bandits d'honneur et aristocrates du crime, qui poursuivront une existence criminelle hors les murs. Ils sont suivis par les « *moujyki* », hommes qui ne font pas carrière dans le crime, mais respectent les règles du milieu à l'intérieur de la prison. En troisième, les « *kozly* », traîtres collaborant avec l'administration pénitentiaire. Tout en bas de la hiérarchie, les « *opouchënnyie* », humiliés, utilisés comme esclaves sexuels, les « *petoukhi* » ou « coqs », homosexuels désignés, et les « *tchiorty* » ou « diables », asservis par les autres au nom de leur faiblesse morale. Cette structure sociale existe depuis l'époque tsariste et a évolué tout au long de l'Union soviétique. (NdT)

Un bouquet de roses rouges à la main, il vient à notre premier rendez-vous en Mercedes. Tout est rouge. Un charme un peu désuet mais irrésistible. Mes cheveux blancs se reflètent sur sa peau bronzée. À ses côtés, je ressemble à une créature subtile et mystérieuse. Main dans la main, nous déambulons le long de la perspective Nevski. Tout va très vite.

J'entends une voix marteler dans ma tête : « Il faut que tu lui parles de lui. Cela devient ton secret. Les secrets sont interdits. »

J'ai peur de la réaction de Piotr. Je crains son incompréhension, son rejet, sa violence. Cette peur me paralyse. Je lui cache ma relation avec Kostya. Le mystère grandit, le secret s'épaissit.

Un matin, la vérité éclate au grand jour. Elle est là, dans son évidence.

– Pourquoi tu ne m'as rien dit ? Il aurait suffi d'un mot.

Un mot et cette situation pénible n'existerait pas.

Tout le contenu de mon sac valse du haut du balcon. Mon ordinateur vole en éclats sous ses pieds, mon nouvel iPhone atterrit sur les murs. Les pleurs des enfants, son visage blafard et chargé d'électricité, un quart d'heure pour faire mes affaires sous ses imprécations maudissant ma trahison.

Je suis dehors avec un gros sac. Sans réseau, sans argent, sans espoir. Kostya n'est pas prêt à me suivre dans ce virage abrupt.

J'erre dans les rues de la ville. Mes enfants me manquent.

Je suis une traîtresse. Je n'ai rien à apprendre aux filles, je n'ai pas le droit de les voir. Je passe mes soirées à verser des larmes. Mes journées à déambuler sans but. Ou à m'asseoir sur des bancs dans les parcs. Parfois, des inconnus m'adressent quelques mots chaleureux. Alors je reprends espoir.

Mais pour l'instant, je suis une traîtresse et je dois souffrir. Je passe l'été à me flageller. Je ne cesse de ressasser la vérité atroce sur mon geste impardonnable. Il n'y a plus de retour en arrière. J'ai dépassé les bornes.

– Plus jamais Oksana, tu entends, plus jamais tu ne reverras tes filles et ne lèveras tes yeux trompeurs sur elles.

Je passe de longues heures à marcher, à arpenter les rues. Une seule pensée consume mon esprit malade. Je veux revenir. Revenir à tout prix. Le retrouver, retrouver mes filles.

*

Je m'installe dans une chambre à Tchernychevskaïa, dans le centre de Saint-Pétersbourg. Une grande pièce lumineuse dans un appartement communautaire. Jour et nuit, la vieille voisine fait bouillir du chou. L'air est lourd. Les plafonds font cinq mètres de haut. Un long couloir sombre mène aux toilettes et à la cuisine. Ces appartements sont toujours légion à Saint-Pétersbourg, bien que les idéaux brillants des communistes aient échoué. Ils pensaient sincèrement que les citoyens devaient vivre ensemble en camarades responsables, s'entraider, cuisiner dans une pièce commune, partager leur douche. Tout devait être collectif. L'histoire s'est terminée par des petits coups bas entre voisins, des *bortschs* mijotant sans surveillance empoisonnés en douce, des ampoules dévissées dans les toilettes. Personne ne voulait partager quoi que ce soit. Mais les espaces à vivre sont restés, les voisins sont devenus des ennemis, l'impossibilité de changer de logement ne faisait qu'empirer la situation. Les appartements communautaires sont un sujet complexe, douloureux, qui demeure d'actualité en Russie. Pour moi, ma chambre est un havre de tranquillité aux murs blancs et aux grandes fenêtres.

J'y reste seule. Souvent triste. Rase les murs. Cherche des solutions.

La plupart du temps, les filles vivent chez lui. Parfois, il les autorise à venir dormir chez moi. Nous y fêtons le Nouvel An ensemble, avec Liliia et Alisa. Piotr part faire la fête à Moscou avec ses copains.

La fille de Kharkov

Une fois, nous nous retrouvons sur la perspective Bolchoï, une des grandes avenues qui traversent l'île de Petrograd. Je lui dois de l'argent. Il faut que je le rembourse. Un salaire gagné à coups d'aiguille. Des journées monotones passées à me trouer les doigts pour l'atelier de costumes du film *Matilda*, d'innombrables cigarettes et des promenades de plusieurs heures à la sortie du travail pour tenir ce rythme maussade. Je ne vois pas mes enfants. Il ne me l'autorise pas. Je suis entièrement coupée de ma vie d'avant.

Il porte le pull beige que nous avons acheté ensemble et le short que je lui ai offert quand nous nous sommes rencontrés. Il est léger et joyeux. Quand il sourit, ses yeux s'illuminent d'un feu mystérieux. Ce regard me fait l'effet d'un dard planté dans le cœur. Il part à Kharkov, en Ukraine, tenir une conférence sur l'art politique.

Le soleil brille mais j'ai froid, je n'arrive pas à me réchauffer. Je suis terne et gelée. Je tente de faire durer l'instant, regarde son visage familier, m'agrippe à chaque seconde. Il parle de lui, de l'avenir, sa vie continue. Nous échangeons quelques phrases insignifiantes comme de vieux potes.

Ce sera bientôt fini. Bientôt, il dira : « Bon, allez, salut. » Et tout s'arrêtera. Je serai à nouveau engloutie par l'obscurité.

Je lui demande qui l'invite à Kharkov, sa réponse remet tout à sa place. La fille de la galerie qui organise la conférence. Oui, elle existe. Et je sais pertinemment ce qui se passe entre eux.

Cette pensée est trop lourde, elle m'assomme. C'est une bombe pour mon cerveau engourdi. Je l'interdis. Elle n'existe plus. Je préfère espérer qu'un jour, il me pardonnera. Qu'un jour viendra où nous serons ensemble à nouveau.

Les mots tant redoutés résonnent. Je lui dis au revoir en mode automatique, reviens à mon gouffre de solitude. Je retourne dans l'atelier de costumes et au monde imaginaire du cinéma. Là-bas, je n'existe pas, je deviens un élément du décor. Je suis figée dans l'attente de son pardon.

Une semaine plus tard, il part à Kharkov.

*

À son retour, nous nous rapprochons un peu. Il a besoin de moi pour le travail. C'est un compromis qu'il est prêt à faire. Le fossé entre nous se réduit. Nous nous retrouvons parfois dans un café pour préparer l'action « La séparation ».

La fille de la galerie s'appelle Victoria. C'est une jolie fille. Ils ont couché ensemble. Il me raconte avec force détails. Tous les jours, je regarde sa page et ses photos sur les réseaux sociaux. Elle m'obsède. Je ne cesse de me comparer à elle. La comparaison n'est pas à mon avantage. Jamais je n'aurai ses cheveux, son visage, sa peau immaculée. À côté d'elle, je suis une aberration totale. Je me déteste, j'arrête complètement de manger. Il faut que je sois mince. Je n'ai pas le droit de baisser la garde. Malgré ces efforts, je ne suis jamais à la hauteur. Je suis une créature misérable.

Je me torture au fer rouge de la jalousie.

Je vis avec elle, je me lève et me couche en pensant à elle.

Mon obsession ne fait que grandir.

Leur relation m'obnubile. Ils sont connectés en permanence. Je vois l'écran de son téléphone s'allumer dès qu'il reçoit un de ses messages. Son visage change. Il me demande de ne pas y prêter attention. Une douce douleur me ronge le cœur.

La jalousie est une affection très particulière. L'autre devient une amie maudite, une tortionnaire qui, chaque jour, m'enlève un petit morceau.

Action « Séparation »

19 octobre 2014. Moscou. Le mur d'enceinte de l'institut psychiatrique Serbski. Un escalier. Une oreille coupée. Deux heures et demie d'attente dans le froid moscovite, son corps nu sur le béton. Pour tenir, supporter son corps tenaillé par le froid, il pense aux grèves de la faim à durée illimitée dans les prisons russes.

Déclaration de Pavlenski : « Un couteau sépare le lobe de l'oreille du corps. Le mur en béton de l'asile psychiatrique sépare la société raisonnable des malades insensés. En continuant à utiliser la psychiatrie à des fins politiques, l'appareil policier s'octroie de nouveau le droit de définir la limite entre raison et déraison. Armé de diagnostics psychiatriques, le bureaucrate en blouse blanche sépare la société de ses membres gênants par l'instauration d'un dictat monolithique, d'une norme unique pour tous et obligatoire pour chacun. »

Je suis tiraillée entre le sentiment de culpabilité et l'espoir. La culpabilité prédomine. Je suis prête à exécuter le moindre de ses ordres.

Nous nous éloignons à nouveau. L'action est réalisée. Il n'a plus besoin de mes services. Mon implication devient secondaire. Je retourne à Saint-Pétersbourg. Je suis à nouveau seule dans ma petite chambre de Tchernychevskaïa.

Sparring

Je suis seule, sans les filles. Elles vivent à nouveau chez lui. Je n'ai que rarement le droit de les voir.

La morosité de l'hiver pétersbourgeois me rend malade. À un moment, j'émerge de ma toile de souffrance et de culpabilité incessante. Je décide de prendre ma vie en main et m'inscris à un cours de boxe thaï. Mon corps s'endurcit, devient plus solide. Après l'entraînement, je n'ai plus la force de réfléchir. Poussée par les ailes de la fatigue, je vole chez moi à toute allure et sombre dans un doux sommeil. Je ne mange presque pas. Je deviens duveteuse. Un duvet de résistance.

Mon entraîneur reporte le cours à un autre jour dans une autre salle. Son remplaçant est aussi le professeur de mes deux filles. Je me change au vestiaire. J'entre dans la salle. Une silhouette familière. C'est Piotr. Je tremble de partout. Mal à l'aise. Envie de partir en courant. L'impression d'être nue.

L'entraînement commence. Je n'ai d'yeux que pour lui. Nous ne parlons pas. Entre nous, un abîme glacial s'est creusé.

C'est l'heure du *sparring*.

Tous les participants forment des paires. Il reste seul. Moi aussi. Nous nous mettons ensemble. Le *sparring* commence. Je suis incapable de décoller mon regard de lui. Le corps travaille des coups qu'il connaît. Je riposte mécaniquement. Il se prend plusieurs coups dans la mâchoire.

Un coup de sifflet et les couples changent. Je suis soulagée.

Nous sommes liés par une amitié de plusieurs années, un engagement commun, nos enfants. Nous ne nous adressons pas la parole une seule fois. Nous sommes des étrangers. Pour l'autre et pour nous-mêmes.

L'aide de la police

C'est l'anniversaire de notre fille Liliia. Nous le passons ensemble. Je dis un mot de travers. Piotr se met en colère. Je me défends avec des mots. Cela n'aide pas.

Le grand couteau de cuisine entre ses mains s'enfonce dans ma doudoune, une fois, deux fois, trois fois. Il y a des plumes partout. Il passe à mes baskets préférées. Exige quelque chose de ma part. Quelque chose d'insignifiant, mais il le veut à tout prix. Je veux prendre les filles et partir. Il se met en travers de la porte et m'empêche de passer. Je ne peux pas sortir avant d'avoir fait ce qu'il demande. Il me bloque le passage. J'appelle la police. Pour la première fois de ma vie. Ce n'est pas le moment d'avoir des principes. Je dois me sauver. Pendant toutes les années qui suivront, il ne cessera d'ailleurs de me rappeler cet épisode. La police arrive. Les agents le forcent à s'éloigner et à me laisser quitter l'appartement.

Il s'écarte de la porte. Je suis libre. Un énième cauchemar vient de se terminer pour la énième fois. Je rassemble mes affaires découpées dans des sacs. Vêtue d'un seul pull, je descends avec les filles. Depuis un café en bas, j'appelle un taxi. C'est fini.

Nous sommes à nouveau en sécurité dans la chambre de Tchernychevskaïa.

Yakuza

Ma chambre dans l'appartement communautaire. Il est assis sur une chaise, dos à la fenêtre. Assise face à lui, je tremble. Je déverse un flot de paroles sur lui. Il n'interrompt pas mon monologue. Je veux revenir. À tout prix.

Il écoute patiemment. M'explique que ce n'est pas possible à l'heure actuelle. J'ai détruit le lien entre le mot et l'acte. Seul un acte de ma part pourra le reconstruire. Quel acte ? Il ne peut pas me dire. C'est à moi d'en décider.

Avide, je guette chaque mot de sa part. Mon esprit s'agrippe à cette décision. J'y pense jour et nuit. Comment ? Que faire ? Que dois-je faire ? Les questions m'obnubilent. Une nuit, alors que je me tourne fiévreusement dans tous les sens, une réponse surgit.

Je cherche sur Internet : « Comment laver sa trahison ? »

Une trahison se lave par le sang.

Tout reprend sens. Ça, je peux le faire.

Par le sang. Du sang. Couper ! Trancher une partie de soi ! Trancher quoi ?

La langue ? Non, si je fais ça, je ne dirai plus jamais un mot à personne. Jamais. Non. Ça ne va pas.

Mais je serais prête à ça aussi. À tout au monde, pourvu que cela me rende la douceur de son regard d'antan. Pour que je redevienne une personne digne de marcher sur cette terre.

Alors quoi ?

Yakuza, la mafia japonaise. Le doigt. Je me trancherai le doigt. Oui ! Exactement !

C'est le juste prix à payer. Une phalange par faute commise. Je décide de m'en couper deux.

Une semaine plus tard. La chambre de l'appartement communautaire. Il est assis sur la chaise, dos à la fenêtre. À nouveau, la conversation tourne en rond. Mais cette fois, j'ai quelque chose à dire. Je lui dis que cette fois, je sais. Je sais quoi faire. J'ai décidé de me trancher le doigt.

Il me dit que cela n'est pas aussi simple. Pourquoi je lui raconte tout ça ? Si je l'ai décidé, il ne faut pas jacasser, il faut agir.

Je comprends que j'ai encore fait une erreur. Que je dois garder ma bouche fermée. Toujours. Je repense à me couper la langue, cela ne semble plus aussi inconcevable. C'est exactement ce que je mérite, une punition pour mes jacasseries. Après, je pourrai me draper dans le silence pour le reste de mes jours. Je décide de ne pas évoquer l'idée de la langue. Intérieurement, je me prépare à commettre l'irréparable. En comparaison, se couper le doigt semble anodin, enfantin. Se couper la langue – le voilà, le vrai défi.

Trois jours plus tard. Nous sommes assis à table, l'un en face de l'autre dans son appartement. La table en bois noir qu'il a construite de ses propres mains. Ses yeux ont changé, il me regarde différemment. Je comprends qu'une discussion importante va avoir lieu. Il n'aurait quand même pas décidé de me pardonner, après avoir vu que je suis prête à tout pour lui ?

– J'ai réfléchi à ce que tu m'as dit, la dernière fois que nous nous sommes vus.

Mon cœur bondit.

– Le doigt, ça me semble être une bonne idée. Si tu es capable de le faire. Je pense que cela réparera le lien détruit.

À la pensée que seuls quelques pas nous séparent, des effluves de joie m'emplissent. Mon esprit s'élance vers des nuages de félicité. J'imagine déjà notre intimité retrouvée, notre nouvelle vie ensemble. Mes yeux brillent. Je souris. J'acquiesce, je dis que ce n'est qu'une question de temps. Je vais le faire, tout faire.

Nous passons tranquillement à d'autres sujets. Il me parle tendrement, comme avant. Je fonds. Nous avons tous deux compris que le problème était presque réglé.

Je regarde la table noire et énonce mes pensées.

– Mais tu comprends, maintenant c'est comme s'il y avait une hache entre nous sur cette table.

– Oui. Sans ça, nous ne serons pas ensemble. Sans ça, nous ne pourrons pas recréer notre lien.

En réponse, j'opine joyeusement de la tête.

*

Je vais le faire ce soir. Une fois que les filles se seront endormies.

J'ai emprunté une hache à la voisine. L'ai enveloppée dans un chiffon. Il faut qu'elle soit acérée. Je l'aiguise. Personne ne me pose la moindre question. Je tressaille en pressentant l'inexorable. La décision est prise. Ce n'est plus qu'une formalité.

L'excitation me fait vaciller entre le chaud et le froid.

Cela aura lieu aujourd'hui.

Ma tête est parfaitement vide et calme.

Soir. La chambre de l'appartement communautaire. Hauts plafonds. Murs blancs. Je couche les enfants et m'allonge à côté. Très vite, leur respiration se fait régulière, elles s'endorment. Une veilleuse est allumée dans la chambre. J'entends le sommeil apaisant de mes filles.

Sur le lit, je sens une force inouïe s'emparer de moi. Maintenant.

J'installe une chaise noire, dispose mes outils à côté. La hache. Des couteaux. Un drap blanc.

Le moment, le voilà. Moi, la chaise et la hache. Je pose le petit doigt au bord de la chaise. Prends mon élan pour frapper. Une vague de panique s'élève. Je suis pétrifiée. Une deuxième vague vient, encore plus forte que la première. J'ai la nausée. Je ne supporte pas la tension, jette la hache et pars fumer. M'offre un sursis avant le premier coup. Je me dis qu'après cette cigarette, je le ferai, c'est sûr.

Fumer m'aide à reprendre le contrôle. Mes pensées s'apaisent.

J'éteins ma cigarette. Je reviens dans la chambre. Mon corps reste calme face à la chaise et aux outils. Aucune menace n'émane de la veilleuse, des lueurs bienveillantes des fenêtres des voisins.

Avant que mon corps ne prenne peur à nouveau, je m'avance vers la chaise d'un pas déterminé. Cherche la position qui conviendrait pour le premier coup. Le corps émet de faibles signaux de protestation. Je ne l'écoute plus.

Je prends mon élan pour frapper.

Il suffit de commencer, donner un premier coup, briser l'intégrité de l'enveloppe corporelle, après ce sera plus simple. Ma détermination réprime la voix du corps.

Je frappe le doigt avec la hache. Première entaille. Tout est passé au second plan. Je ne sens pas la douleur. Une seule pensée. Frappe. Frappe encore. Frappe.

Frappe, c'est tout.

Je frappe. Frappe encore. Le doigt se couvre de sang.

Mes coups sont faibles, presque tendres. La peau est sectionnée. Il faut entrer plus profondément.

Plus fort, c'est quoi ces coups de fillette. Frappe comme un homme.

Maintenant je frappe mon doigt de toutes mes forces. Encore, encore et encore.

La peau a cédé. La hache a atteint l'os. Le sang jaillit, une fontaine. À chaque nouveau coup, des gouttes de sang chaud éclaboussent mon visage. Mon propre sang. Cela m'excite encore plus. Je suis un boucher qui abat les bêtes à la ferme ; je suis un assassin qui achève sa victime et sent son sang chaud couler sur ses mains. Tout en moi est tendu par le désir de broyer ce doigt définitivement, le trancher une fois pour toutes. Sans pitié ni émotion. Je frappe encore.

Le sang est presque partout, il a inondé le sol, mon visage, mes vêtements, le drap blanc. Je repousse le drap un peu plus loin. Il pourra encore servir.

À chaque coup, la hache se heurte à l'os, je vois la couche de peau, l'os violacé. Prise d'une rage bestiale, je continue à trancher, mais je ne parviens qu'à entailler l'os. Je n'arrive pas à aller plus loin.

Je m'acharne sur la hache, mais l'os est trop solide. Des larmes de fureur et d'impuissance se répandent sur mon visage. Il faut que j'en finisse. Ce doigt exécré, il faut que je m'en débarrasse une fois pour toutes. À cet instant, toute ma capacité à haïr est dirigée contre mon doigt. Comme il s'est révélé solide.

Une idée me vient, il faut trancher l'articulation. Je m'efforce de viser. De toutes mes forces, j'écrase la hache sur la jointure entre la main et le doigt.

Je remarque du mouvement dans la chambre. Ma cadette s'est réveillée. Assise sur le lit, elle me regarde avec curiosité.

– Qu'est-ce que tu fais ?

Je dis calmement :

– Dors chérie, repose-toi, repose-toi.

La petite se recouche sagement sur l'oreiller, s'enfouit sous la couette et une seconde plus tard, s'endort. Je survole la chambre de l'œil, le confort de la veilleuse, un court répit pour puiser des forces.

Je regarde à nouveau la chaise. Pense à quelque chose d'agréable. Ah, voilà, l'os cède !

Oui ! Enfin ! Il a cédé ! Tout ce temps, la hache était restée dedans. Je la soulève, un coup, encore un coup, encore. La hache entre dans l'articulation. Je souris.

Je me contemple de l'extérieur, comme si je m'observais depuis la fenêtre voisine. Me vois flotter dans la flaque de mon propre sang, vois mon sourire triomphant. J'exulte. J'ai réussi. Plus de la moitié du chemin est accomplie. J'enchaîne les coups à la façon d'une machine.

Les nerfs, les ligaments, ces fils épais et solides ne veulent pas céder. Je mets la hache de côté, le sang envahit mes yeux, mes jambes, mes mains, mon visage. Le sang refroidit peu à peu sur mes joues, d'épaisses gouttes froides déferlent sur le sol. Je me dis que le sang chaud était plus agréable.

Je m'empare du couteau. Je taillade les nerfs. Ils ne veulent pas céder. Je prends un couteau plus grand. De toute ma force, je lime ce magma sanguinolent, ces tuyaux jaunes et blancs, repoussants à voir. Au prix d'immenses efforts, je parviens à les trancher. Reste un dernier bout d'os.

Je mets le couteau de côté, reprends la hache. Je prends de l'élan et l'abats sur ce qui, il y a peu, était mon doigt. Parfois j'effleure ma main, taillade ma peau blanche par mégarde. Je frappe violemment, un coup après l'autre sans s'arrêter – des coups forts, insistants, au rythme d'une volonté qui a presque atteint son but, qui voit que la fin est proche.

L'os craque, se brise. Le doigt pend sur un bout de peau, il ne reste presque rien, la peau lâche au bout de quelques coups. C'est fini !

Un magma de chair est resté sur la chaise, la main a lâché, le doigt ne la retenait plus. Sur la main, il reste des débris de peau, de nerfs tranchés, de veines, de ligaments, tout cela pend en grappes à l'endroit où était le doigt.

Comme un boucher, en quelques gestes rapides et adroits, j'enveloppe la main dans le drap. Avance vers la salle de bain, un visage couvert de sang m'observe dans le miroir, je le lave, l'essuie avec une serviette. La maisonnée dort. Cela m'a pris vingt minutes. Je reviens dans la chambre.

La chaise trône au cœur d'une mare rouge. Le doigt est toujours sur la chaise, au milieu d'une bouillie de chair cramoisie. Des éclaboussures ont giclé aux quatre coins de la chambre. Je ramasse mes outils, passe vite la serpillière. Jette la veste préparée en avance sur mes épaules et sors fièrement appeler un taxi. Je me rends aux urgences de la rue de la Pravda, pas loin.

La nuit d'après. L'appartement communautaire. Il passe nous rendre visite. Je manque un peu de sommeil après l'agitation d'hier soir. Mais je suis heureuse. Mes yeux resplendissent. À l'idée du lien rétabli, je fulmine de joie et attends sa réaction avec exaltation. Ce qui reste de mon doigt est à la poubelle. Je porte un bandage sur la main gauche. Il me regarde presque avec les mêmes yeux qu'avant.

L'action « Menace »

Saint-Pétersbourg. Nous préparons l'action « Menace ». Nous devons nous entraîner pour mener à bien notre projet : mettre le feu aux façades de la Loubianka. C'est le siège des services secrets russes, FSB aujourd'hui, anciennement KGB. Le bâtiment où des générations entières de prisonniers politiques furent torturées.

Mon job consiste à repérer des bâtiments abandonnés. D'innombrables rondes quotidiennes pour un seul abri de fortune. Il prépare le cocktail. Je déniche un lieu d'entraînement. Après avoir identifié plusieurs sites, nous en choisissons un, le seul qui convienne. Il nous accueillera deux nuits.

Nous prenons le métro avec des échantillons de mélanges explosifs. L'odeur d'essence se répand dans le wagon. Nous nous sommes disputés juste avant et ne nous adressons pas la parole. Jusqu'au terminus. Nous descendons. Un désert sans âme qui vive. Il fait sombre et j'ai un peu peur. Nous marchons longtemps. Nous franchissons des voies de chemin de fer. Après les avoir dépassées, c'est la steppe noire. Nous connaissons le chemin. Nous avançons à l'aveugle, tâtonnons dans la crasse, sans allumer les lampes de poche pour ne pas attirer de clochards, ou pire. Le territoire n'est surveillé par personne. Une zone hors-la-loi. Au loin, on voit scintiller les fenêtres des blocs d'habitations. Nous nous enfonçons dans les ténèbres. Trouvons le bâtiment en ruine dont nous avons besoin. Nous nous attendons à tomber sur un cadavre à tout moment. La puanteur est insupportable. À chaque pas, nous nous embourbons. C'est dégoûtant. J'essaie de ne pas y penser.

Nous jetons cinq ou six mélanges différents sur le mur le plus haut. Les flammes jaillissent et éclairent les lieux à tour de rôle. La tension monte. Pourvu que personne ne vienne fourrer son nez ici maintenant.

Le cocktail est parfait. La taille des flammes, leur durée : exactement ce qu'il nous faut. Tant que durent les essais, nous n'échangeons pas un mot. Après avoir essayé le dernier mélange, son regard s'adoucit. Il est heureux, tout s'est déroulé comme il le souhaitait. J'ai rempli mon rôle. Je reprends forme humaine à ses yeux. Nous commençons à parler. Nous parlons boulot, comparons les mélanges. Je soupire de soulagement. Plusieurs jours de répit s'annoncent.

Quelques nuits plus tard, nous revenons. Cette fois, nous nous entraînons avec un bidon d'essence à la main. Approche, allumage. Mission accomplie.

Le caméraman qui va filmer l'action approche. L'adrénaline fuse à une vitesse affolante. J'arrive à peine à me contenir. Le jeu commence.

*

Moscou. Un mois plus tard. L'appartement de notre ami Arthur et son odeur d'urine de chat, une cuisine poisseuse, du café dégoûtant et des discussions soporifiques sur le cinéma. L'odeur réveille mon allergie dormante.

Toutes les trois heures, je surveille le lieu. Les agents de la Loubianka, les caméras, les changements de garde, les réactions de la sécurité face aux passants, des rondes interminables, encore, encore et encore. Je dois considérer chaque petit détail. C'est ma responsabilité, mon travail.

Il est le sens. Je suis l'incarnation.

La forme définitive de l'action se précise. Il ne reste plus qu'à déterminer l'heure de début. Nous décidons d'agir la nuit. L'agent du FSB déguisé en flic qui fait ses rondes autour de l'entrée principale disparaît le soir, comme par magie. Le froid repousse les gardes vers les extrémités de leur périmètre. Une guérite les attend aux quatre coins de leur territoire. Ils s'y abritent du vent d'hiver mordant et échangent quelques mots pour ne pas s'endormir. C'est l'endroit le plus surveillé de Russie. La maison de la clique de Poutine. J'accepte le défi.

*

Piotr sort de la pièce. Sa tension est à son paroxysme. Je la sens, comme si je m'étais glissée sous sa peau. Nos colocataires boivent du thé à la cuisine et rient avec insouciance. Ils parlent cinéma, discutent de nos connaissances communes. Nous sommes dans des mondes parallèles. Je regarde la montre. C'est l'heure. Je leur dis. Ils s'habillent.

Je sortirai vingt minutes après eux. Je surveillerai les lieux depuis la voiture. Il sera au café à côté et attendra mon signal.

Ils partent. J'attends. Je démarre. Je fais plusieurs rondes autour de la Loubianka. Ça ne va pas. Je refais un grand tour avant de repasser devant. Ça ne va toujours pas. Il attend mon feu vert, il ne commencera pas avant. Je pars pour un troisième tour. Cette fois, c'est parfait. La voie est libre. Ma main tremble quand je compose son numéro et lui donne le code convenu.

Vas-y.

Après ce coup de fil, il se lèvera, prendra le sac où est caché le bidon, le jettera sur son épaule, sortira du café et marchera sur la Loubianka. Les autres le suivront. Il démontera son téléphone et se débarrassera de ses différentes pièces. Je peux rentrer tranquille.

Plus qu'à attendre. Après-demain, ce sera mon anniversaire. J'aurai 36 ans.

L'action se déroule sans heurts.

Arrestation.

Interrogatoire.

Procès.

Prison de Butyrka à Moscou.

Peine de 9 mois.

Déclaration de Piotr Pavlenski : « La porte en feu de la Loubianka – c'est le gant que la société jette au visage de la menace terroriste. Le FSB règne par la terreur et détient le pouvoir sur cent quarante-six millions de personnes. La peur transforme les gens en masse agglutinée de corps disparates. La menace inévitable de représailles pèse sur tous ceux qui se trouvent à portée des dispositifs de surveillance extérieure, d'écoute des conversations et de contrôle des passeports. Les tribunaux militaires liquident la moindre expression de libre arbitre. »

L’actrice

Été. Il sort de prison. Foule de journalistes devant le portail du tribunal. Essaim bourdonnant suspendu à ses lèvres, à l’affût de ses premiers mots. Nous entrons dans une voiture noire très chic. Légers comme le vent, nous quittons le tribunal.

Oleg Koulik, un célèbre performeur russe, nous accueille avec un déjeuner de bienvenue au centre d’art contemporain Vinzavod. Piotr est de bonne humeur. Il collectionne les applaudissements. Raconte son incarcération, un récit d’aventures. Petits fours pour fêter sa libération.

Nous atterrissons ensuite dans l’appartement minuscule que j’occupe avec les enfants depuis son arrestation, près du métro Toulskaya, deux stations au sud du périphérique de Moscou. Nous sommes tous les deux. Les filles sont parties en vacances au Monténégro chez Marat Helman, un artiste russe. C’est lui qui veille sur elles.

– Tu t’es installée, alors.

– Oui, Piotr Verzilov[1] nous a généreusement prêté son appartement.

---

1. Piotr Verzilov a été l’un des membres les plus actifs du groupe actionniste Voïna et le porte-parole des Pussy Riot suite à leur

– Eh bien, la classe.

Je vois à son expression qu'il est déçu, il rêvait plus grand.

Quand la rafale d'interviews et sessions photo prend fin, il m'annonce :

– Écoute, j'ai réfléchi, on s'ennuie un peu dans cet appartement. Pas grand-chose de neuf, peu de monde autour de toi, pas de mouvement, rien d'excitant. Je vais partir m'amuser un peu à Saint-Pétersbourg. Et je finirai le travail sur mon expo en même temps. De toute façon, j'ai pensé que ça pourrait être bien de vivre dans les deux villes en même temps. Toi à Moscou, moi à Moscou et à Saint-Pétersbourg. Les enfants ont l'habitude d'être là, elles prennent leurs cours ici. Et toi, tu pourras venir à Saint-Pétersbourg quand tu auras des choses à y faire.

– Mais je n'ai rien à faire à Saint-Pétersbourg.

– Ça viendra peut-être.

– J'ai déjà déplacé toute notre vie à Moscou.

– Bref, fais comme tu veux, en tout cas, moi je préfère faire comme ça. Pour ne pas moisir sur place.

– C'est-à-dire ? Tu veux vivre à Saint-Pétersbourg et que je reste à Moscou avec les filles ?

– Pour l'instant je ne sais pas, essayons. On décidera plus tard.

– Je ne veux pas m'occuper des enfants seule. Tu étais absent pendant neuf mois.

– J'étais en prison, pas en vacances.

---

incarcération. Il est l'ex-mari de Nadejda Tolokonnikova, l'une des trois Pussy Riot emprisonnée deux ans en camp de travail après une prière punk dans l'église du Christ Saint-Sauveur à Moscou.

– Je t'ai attendu, je t'ai aidé, j'ai tout organisé. Tout ça, ça ne compte plus ?
– Bien sûr que ça compte. Tu as assuré ! Mais maintenant, j'ai besoin de m'amuser, de me détendre un peu. C'est pour ça que j'aimerais partir prendre l'air, deux semaines, pas plus.

J'ai la gorge nouée. Un étau d'acier se serre dans mon ventre. Ce n'est pas ce que je veux. Il ne me laisse pas le choix. C'est vrai qu'il ne se passe pas grand-chose d'intéressant dans ma vie. Toujours la même routine. Les enfants, mes amis proches, la boxe.
– Alors, retournons vivre à Saint-Pétersbourg tous ensemble. C'est notre ville, tout a commencé là-bas. Pourquoi rester à Moscou ?
– Il faut viser plus grand, pas plus petit. T'es stupide ou quoi ? Maintenant, on a un pied à terre à Moscou et un pied à terre à Saint-Pétersbourg. Je ne veux pas perdre cette opportunité. Je ne veux pas être juste un artiste pétersbourgeois ou un artiste russe. Il faut viser l'échelle internationale. Je ne veux pas me contenter de faire des actions à Moscou et à Saint-Pétersbourg.
– C'est juste qu'au final, c'est moi qui m'occupe tout le temps des enfants. Pendant que toi, tu mènes la belle vie.
– Parce que tu proposes que je m'occupe des enfants en plus ? Et toi, tu feras quoi ?
– Je ne sais pas.
– Eh bien, voilà. Quand tu sauras ce que tu veux faire, on en reparlera.
Le soir du départ. Il fait une liste pour ne rien oublier et prépare son sac. C'est bientôt l'heure de son train.

Envolée, l'euphorie des semaines qui ont succédé à sa sortie de prison. La vie lui semble à nouveau monotone et prévisible. Je fais partie de cette vie-là, celle-là même qu'il fuit en partant à Saint-Pétersbourg. J'ai l'impression d'être un échec sur tous les plans. Après tout ce que j'ai fait pour lui pendant la dernière année, il se débarrasse de moi comme d'un Kleenex.

Il s'en va.

Je le regarde partir, appuyée à la fenêtre. Il s'éloigne dans l'allée, sous la lueur jaune des lampadaires. J'attends encore n'importe quel signe de sa part. J'espère qu'il me dira qu'il m'aime, que je compte. Peut-être qu'il se retournera, jettera un œil vers ma fenêtre.

Il ne se retourne pas.

J'arrête de manger. Je fume deux paquets par jour.

Je passe beaucoup de temps avec Anastasia, une actrice du Teatr.doc, un théâtre moscovite engagé, où j'ai fait une intervention pendant sa détention. Anastasia est rousse, toujours de bonne humeur, rigolote. Elle a un tas de soucis, au travail et dans sa vie privée. Son mec Vassiliy la frappe. Le théâtre entier parle derrière son dos, la directrice en personne s'enquiert de savoir avec qui elle couche et ce qu'elle fait de son temps libre. Nous avons de longues conversations téléphoniques. Elle me rapporte toutes les manigances qui se déroulent en coulisses. C'est l'horreur, un vrai nid de vipères. Je la soutiens, lui dis de ne pas désespérer.

Deux semaines plus tard, Piotr rapplique. Je connais déjà ses aventures pétersbourgeoises dans le détail. Une soirée au cinéma avec une belle plante qui l'a envoyé promener. Et des galipettes avec une fille qui travaille dans une imprimerie. Dès qu'elle a tourné les talons, il m'a appelée pour tout me raconter.

Je lui parle d'Anastasia. Elle nous invite à son spectacle. Il y est question de triangle amoureux. En sortant du théâtre, il me dit qu'elle n'est pas du tout son genre.

– Je la trouve très moche mais si elle te plaît, pourquoi pas.

N'importe quelle jeune fille se retrouvant dans son champ de vision, c'est-à-dire dans un périmètre de 500 mètres autour de nous, est alors considérée comme candidate potentielle pour faire l'amour à trois. Si je refuse, il argumente et insiste jusqu'à ce que je finisse par accepter.

– Oui, elle me plaît.

Nous rentrons de l'anniversaire d'un copain. Il est tard. Nous sommes d'humeur à poursuivre la soirée. J'écris à Anastasia.

– Tu fais quoi ?

Elle répond un instant plus tard.

– Conduite en état d'ivresse.

– Viens chez nous, on t'invite.

– J'arrive.

Elle débarque. Nous nous attablons dans la cuisine. Nous buvons, bavardons, apprenons les derniers ragots du théâtre, parlons de connaissances communes. Elle flirte avec nous deux. Je suis jalouse. Il s'approche d'elle. Ils s'embrassent.

Je les regarde. Il tend le bras et me tire vers eux. Nous nous embrassons tous les trois. Je ne prends pas de plaisir et me libère de l'étreinte. Je me rassois à la table de la cuisine.

Il sort un couteau. Son couteau suisse. Ils jouent à un jeu. La lame file de plus en plus vite entre leurs dix doigts écartés sur la table. Je me dis que ça part mal.
– Arrête avec ce couteau, dis-je à Piotr. Il ne m'entend plus. À la vue de la lame, Anastasia s'anime. Rouler des pelles ne l'intéresse plus. Elle demande qu'il lui scarifie le bras. Piotr s'exécute. Lentement, il fait une première entaille. Elle en redemande, il coupe à nouveau dans sa chair. Elle le regarde droit dans les yeux, visiblement excitée. Encore, encore. Quatre traces de coupures. Nous retournons dans la chambre. Là, son courage s'arrête. Elle retourne dans la cuisine. Je la suis. Nous bavardons et rions fort. Piotr revient. Il a très envie de la séduire. Mais elle reste de marbre. Le sexe ne semble pas du tout être son truc.
Il commence à trancher ses vêtements. Une bande de tissu après l'autre. Son legging, ses sous-vêtements, son pull. Nous rions, le jeu continue à l'exciter. Elle est plus attirée par le couteau que par Piotr. À un moment, elle dit qu'elle veut partir. Je propose de lui passer des vêtements. Elle refuse, dit avoir d'autres affaires dans sa voiture. Elle disparaît dans le couloir sombre. La porte d'entrée claque. Elle part sans dire au revoir.

*

Quelques soirs plus tard, nous sommes dans l'appartement à Toulskaya tous les deux.
Piotr reçoit un sms. Son visage se décompose.
– Qu'est-ce qui se passe ?

– Pour l'instant je ne sais pas, une seconde. C'est le mec d'Anastasia, celui qui la frappe, Vassiliy.

– Il dit quoi ?

– Il m'insulte, me dit d'aller me faire foutre. Il va devoir prendre ses responsabilités pour ce qu'il dit. Surtout un type qui bat sa femme. Je vais lui donner rendez-vous, on va régler ça entre hommes.

– C'est-à-dire ?

– Lui foutre la honte. Il devra demander pardon à toutes les femmes et jurer de ne plus jamais lever la main sur elles. Je vais avoir besoin de ton aide. Pour qu'il comprenne qu'une femme aussi peut se battre.

– Et s'il me casse la gueule en retour ? J'ai peur.

– Non, ne t'inquiète pas, je serai là. S'il t'arrive quoi que ce soit, je serai là. Bon, il est d'accord pour qu'on parle. Eh bien, on va parler. Il faut appeler D., lui demander de ramener quelques gars. Au cas où il me tomberait dessus avec ses potes. S'il vient seul, je règlerai mes comptes seul. Tu lui donneras une ou deux baffes à la fin. Il croit que j'ai une histoire avec Anastasia. Cet abruti. Elle est libre, elle peut avoir des histoires avec qui elle veut. Ça ne le regarde pas. Elle ne lui appartient pas.

– Ok, j'appellerai D., je me mettrai d'accord avec lui.

– Très bien.

Tout est prêt. D. viendra accompagné de plusieurs types. Un filet de sécurité, au cas où il nous la ferait à l'envers.

– J'ai peur quand même.

– Poule mouillée, t'as peur de quoi ?

– Qu'il me cogne.

– Je te le répète, je serai là, moi et les autres types, ça m'étonnerait qu'il lève la main sur une femme en public. Il fait ça chez lui, quand personne ne le voit.

Soir. Nous avons rendez-vous dans la cour du Teatr.doc, dans une demi-heure. Nous attendons dans la voiture et discutons de l'évolution possible des événements.

Personne ne le touchera à part Piotr. Puisqu'il l'a insulté personnellement. Les autres sont là pour l'intimider et n'interviendront qu'en cas de grosse bagarre.

Vassiliy nous passe devant. Piotr sort de la voiture à la vitesse de l'éclair. Ils commencent à se battre. Tout le monde sort de la voiture. Effrayé, Vassiliy ameute toute la cour en hurlant « À l'aide ! À l'aide ! ». Piotr est le seul à l'avoir touché. La porte du théâtre est ouverte, les types le prennent et le portent à l'intérieur. Là, il se met à geindre et à supplier.

– Laissez-moi tranquille !

– On ne t'a pas touché.

– Ne me frappez pas. S'il vous plaît, ne me frappez pas.

– Oui, on ne t'a pas touché. Dis, pourquoi tu cognes les femmes ?

– Je ne cogne personne, qui vous a dit ça ?

– Anastasia a dit que tu l'avais tabassée.

– Non elle est tombée, c'est tout, je ne l'ai pas touchée.

– Pourquoi tu mens !

– On s'est engueulés, on s'est hurlés dessus, elle est tombée dans la salle de bain, sur une vitre cassée. Je ne l'ai pas cognée.

C'est là que j'entre en jeu. La rage m'envahit, toute la violence accumulée en moi pendant des années explose sur ce pauvre garçon qui tremble dans un coin.

Je commence à molester son visage, son corps, tout. Je venge Anastasia, me venge moi-même, venge toutes les femmes sur lesquelles un homme a levé la main un jour. Il implore sans arrêt : « Laissez-moi tranquille. »

Mes coups mobilisent toutes mes forces, je lui crache dessus. Je lui dis, voilà, regarde-toi. Si tu frappes les femmes, c'est tout ce que tu mérites. Comment tu oses t'aventurer dehors, petite merde, tu ne mérites même pas de lever les yeux de terre après tout ce que t'as fait. Ordure. Déchet.

Les gars observent la scène en silence.

Ce n'est pas lui le problème, c'est moi. Je n'aurais jamais osé dire ça à Piotr. En réalité, c'est lui qui aurait dû entendre ces mots. Proférés haut et fort devant tout le monde. Je voudrais qu'il verse des larmes et implore ma miséricorde. Me demande pardon pour tous les coups qu'il m'a donnés. Je sens la fatigue monter. Mes mains sont éraflées et brûlent. Je suis dégoûtée.

Vassiliy roule par terre, dans sa morve et ses sanglots. Il supplie toutes les femmes de le pardonner et promet de ne plus jamais recommencer.

Abject et pathétique.

« Casse-toi d'ici », je dis. Il saute sur ses jambes et part en courant.

Nous sortons du théâtre.

J'ai l'impression d'avoir fait ce qu'il fallait, mais pas avec la bonne personne. Celui qui aurait mérité ma colère est assis à côté de moi et se félicite du tour heureux qu'ont pris les événements.

*

Peu de temps après, nous partons en Pologne, à Varsovie. Nous présentons le livre de Piotr, paru chez Critique politique, un éditeur militant de gauche. Nous passons du bon temps avec une amie, venue nous rendre visite d'Ukraine pour l'occasion.

Tout d'un coup, nous recevons un sms de notre ami commun avec Anastasia. Elle l'a appelé. Lui a dit qu'elle nous avait dénoncés pour agression. L'appartement de Toulskaya serait cerné par les flics. Cela ne peut être qu'un immense malentendu, songeons-nous. Anastasia doit s'être vexée après le découpage de ses vêtements. En rentrant, nous l'appellerons pour en parler et tout s'arrangera.

Nous décollons de Varsovie. Atterrissons à l'aéroport de Moscou-Chérémétievo. Contrôle des passeports. Piotr passe. Il m'attend, adossé à une colonne. Je mets toujours du temps aux contrôles. D'un coup, l'angoisse m'envahit. Il y a un problème, je le sens.

Je m'avance dans le grand hall et m'approche de Piotr. En une seconde, sept policiers en civil nous encerclent.

– Suivez-nous.

– ???

– Vous êtes accusés d'agression sexuelle sur la citoyenne Anastasia Slonina.

Un frisson glacé parcourt mon corps. Et voilà, c'est arrivé. Au fond de moi, un rideau tombe. C'est fini. Ils ne nous laisseront plus jamais sortir après ça. Une opportunité en or pour nous envoyer en cabane. Loin et pour longtemps. Depuis le temps qu'ils en rêvaient.

Ils sortent les menottes.

Je demande :

– On peut peut-être se passer de menottes. On ne va pas s'enfuir.

Piotr est blanc comme un linge. Il ne lâche pas un mot.

Ils rangent les menottes. Nous sortons de l'aéroport. Pas de voiture de police aux alentours. Nous partirons donc en voiture banalisée.

Ma poitrine est serrée. Et s'ils nous larguaient au milieu de nulle part ? Une balle dans la tempe et hop ! Personne ne nous a vus, nous n'avons rien signé. Disparus sans laisser de traces. Comme si nous n'avions jamais existé.

Ils veulent nous faire asseoir dans deux voitures différentes. Je refuse. J'exige que nous fassions le voyage dans la même. À contrecœur, ils acceptent.

Nous partons. Assise à côté de la fenêtre, j'échafaude des plans pour déverrouiller la portière et partir en courant. Pour annihiler cette situation. Qu'elle s'évapore.

Je réalise l'ampleur de ce qui nous arrive. C'est irréel. C'est un piège.

Quatre heures d'embouteillages. Nous finissons par arriver au poste. Ils ne fouillent pas nos sacs et ne confisquent pas nos téléphones. C'est étrange. Nous sommes assis sur un banc et attendons. Sans savoir quoi.

Piotr me dit :

– Tu sais ce que je souhaiterais le moins au monde ? Faire de la taule pour viol. Et c'est exactement ce qui m'attend. Dix ans au moins. Putain de merde. Super, la meuf que tu nous as ramenée...

– Maintenant c'est de ma faute ? Si tu n'as rien trouvé de mieux à foutre que de scarifier ses bras et découper ses fringues ?

– Écoute, j'ai fait ce genre de trucs avec plein de gonzesses avant, personne n'a jamais porté plainte. Ta copine a tout de suite couru chez les flics.

– Je suis sans mots.

– Ça tombe bien, il n'y a rien à dire.

J'écris à Anya, qui garde les enfants, que nous avons été retenus par la police et que je n'ai aucune idée de quand nous sortirons. Elle répond que les filles vont bien. Et me dit de ne pas m'inquiéter.

Nous appelons notre avocate. Elle se met en route.

Attente de plusieurs heures. Interrogatoires. L'inspecteur principal nous appelle. Sale histoire, dit-il. Il va falloir démêler tout cela tranquillement. Pour aujourd'hui, on vous laisse partir. Si vous nous promettez que vous ne quitterez pas la région de Moscou. Nous donnons notre parole en hochant la tête. Bien sûr, nous resterons à votre disposition et ne quitterons Moscou sous aucun prétexte.

– Alors pour aujourd'hui, vous êtes libres.

Nous n'y croyons pas. Sur le chemin, nous débattons avec vivacité. L'avocate nous dépose chez mon amie.

À l'aube, la décision de partir est prise. Peu importe où. Quitter la Russie, c'est tout ce qui compte. Nous ne savons pas si nous sommes recherchés. Nos mains sont liées. Après une telle arrestation, tout est possible. De toute évidence, nous sommes dans leur collimateur.

Ils nous donnent cette chance. Une chance inespérée. Impossible de rater l'occasion. Ils savent que demain, nous ne serons plus là.

La plainte insensée d'Anastasia tourne en boucle dans nos têtes. Une foule de questions sans réponses.

Il faut dormir. Demain, le reste, demain. L'organisation, le départ. Dormir. J'embrasse les filles et sombre dans le sommeil.

Le départ de Russie

Matin. Nous offrons aux enfants nos cadeaux rapportés de Varsovie. Nous leur rapportons rapidement l'incident de la veille et leur annonçons notre décision de quitter la Russie. Les filles sont ravies. Pour elles, tout voyage est une bonne nouvelle. La seule chose qui compte, c'est que nous soyons ensemble.

Nous ne savons pas si nous sommes recherchés, probablement oui. Nos téléphones sont sur écoute, pour sûr. Notre paranoïa atteint des pics critiques.

Le départ doit être planifié jusque dans ses moindres détails. Acheter des téléphones, changer de numéros. Sortir dans la rue nous tétanise. Notre tension est à son comble. Nous savons que les services secrets procèdent ainsi. Bras et jambes ligotés par les fils invisibles du pouvoir, la sensation d'être observés par son œil omniscient au moindre de nos pas. En chaque passant, nous voyons un espion, un ennemi qui nous guette.

Nous nous savons fliqués depuis des années. Une présence discrète, presque imperceptible. Aux arrêts de bus, sur le chemin du métro, dans la cour, au café, j'ai appris à repérer leurs gars. J'identifiais toujours exactement combien ils étaient. Leurs visages s'imprégnaient en moi.

Ils se trahissaient souvent. J'ai appris à me fier à mon intuition. À présent, je suis sûre que nous sommes suivis.

Comme toujours dans ce type de situation, les émotions passent au second plan. Je me rassemble intérieurement, me concentre sur le but à atteindre. Alors, tout devient clair et limpide. Un pas après l'autre, j'agis par étapes.

But : décider où aller, comment y aller, semer la surveillance.

Changer de numéros : fait ! Trouver une voiture : fait !

Nous choisissons de partir en Ukraine, via la Biélorussie. Nous connaissons un point de passage de la frontière sans contrôle d'identité. En Biélorussie, nous changerons de voiture. Des amis qui y vivent nous conduiront jusqu'en Ukraine. Parfait !

Pour quitter Moscou, nous décidons de nous disperser. Nous nous retrouverons à un endroit à la sortie de la ville. Piotr part en premier. Je me prépare et quitte également l'appartement. Les enfants arriveront avec Anya.

Depuis la rame du métro, j'aperçois Piotr. Il entre dans le passage souterrain. Notre synchronisation est parfaite. Avant le rencard convenu, il nous reste plusieurs heures à tuer. J'erre dans Moscou, passe en librairie, flâne dans le centre commercial de Kourskaya. C'est l'heure !

Direction la banlieue de Moscou. Avant de monter dans le métro, j'oublie de consulter un plan. J'ai un vieux Nokia à touches, sans Internet. La tuile. Je passe une demi-heure à errer à la recherche du bon café. Enfin, je le trouve. Piotr, les enfants et Anya y sont déjà. Nous suivons notre plan. Piotr fait peine à voir. Son bonnet couvre la moitié de son visage. Il a l'air suspect. Incapable de gérer la tension, il fusille tout le monde du regard.

– Détends-toi, je lui dis. Essaie d'avoir l'air normal. Tu attires l'attention.

Son expression devient un peu plus agréable. En réalité, il est en panique. J'essaie d'insuffler un peu de légèreté à la situation. Les filles, comme toujours, rient et jouent entre elles.

– Il faut qu'on commande. Ça fait bizarre sinon.

– Je n'arrive pas à joindre la voiture, son téléphone est éteint.

– Ne t'inquiète pas, il va répondre.

Il rappelle chaque minute.

– Pourquoi il n'est pas là ? C'est louche. Il devrait être là. On fait quoi s'il ne vient pas ?

– On décidera à ce moment-là. Il viendra. J'en suis sûre.

Il continue à appeler sans interruption.

– Écoute, arrête. Détends-toi. Bois un café, mange quelque chose. Ça fait cinq minutes seulement. Il va arriver.

Je bavarde avec Anya. Nous commandons à manger. Piotr est si tendu qu'il semble avoir été branché à un générateur électrique.

Enfin. La voiture arrive. Première étape réussie. Nous mettons les voiles. Un arrêt pour faire les courses. Et nous quittons Moscou.

Nous empruntons l'autoroute payante. Les contrôles y sont rares. Nous avons de la chance. La voie est libre, pas un seul barrage de la police routière. Mon niveau de nervosité reste élevé. C'est seulement le début. La route est longue. Pas le moment de baisser la garde.

Les filles somnolent tranquillement sur le siège arrière. Je bavarde avec le conducteur pour le distraire. Dix heures de route et nous arrivons en Biélorussie au petit matin. Des champs d'un blanc immaculé nous accueillent. Une fête pour les yeux. La neige a tout recouvert pendant la nuit. Nos amis nous attendent, inquiets. Une journée de repos, avant de repartir à 5 heures, le lendemain.

À nouveau, la route. Préparation intérieure de l'étape à venir. La frontière à traverser. Si nous sommes recherchés, notre aventure s'arrêtera là. Silence tendu. Pas le moment de parler. Vagues de panique épisodiques. Je les réprime. Il n'y a pas de retour en arrière possible.

La frontière. Une longue file de voitures. L'attente est estimée à près de cinq heures. Nous décidons de partir à pied. C'est plus rapide. Nous sortons de la voiture. Les enfants, les sacs. Nous prenons congé de notre ange gardien. Quand nous reverrons-nous ? Aucune certitude. Un pas dans le vide.

Des douaniers avec chiens nous contrôlent. Ils prennent nos passeports. But du voyage en Ukraine ? Je m'efforce de ne pas trahir mon inquiétude. Un océan écume dans ma poitrine. Pour me rassurer, je pense aux tampons ukrainiens qui constellent mon passeport. Je suis née dans la région de Donetsk. Plusieurs visites à Kiev, ces derniers temps.

Le contrôle est passé. On me souhaite un bon voyage. Les filles sont avec moi. Je peine à croire en mon bonheur. Nous ne sommes pas encore recherchés ! Soudain, mes jambes sont aussi légères que l'air. Je souris en avançant sur la terre libre d'Ukraine. Ma terre natale.

Piotr me suit. Nous échangeons des regards équivoques. Après avoir dépassé la frontière de quelques mètres, nous hélons un taxi pour Kiev. Troisième voiture.

Kiev. Métro. L'appartement d'une amie journaliste. Nous avons fait les deux tiers du chemin. Il ne nous reste plus qu'à obtenir des visas européens pour les enfants et à déterminer ce que sera notre destination finale.

Nous fêtons le Nouvel An à Kiev dans la librairie d'amis et déposons une demande de visa pour la Lituanie. Des amis insistent pour que nous y émigrions pour de bon. Nous refusons. La Lituanie est trop ennuyeuse.

Paris nous appelle. La culture, l'art, les révolutions, la Commune !

Mais d'abord, nous nous offrons un mois de vacances. Délestés du stress des épreuves traversées, nous attaquons la dernière étape. Le contrôle d'identité du vol Kiev-Paris. Rapide et sans encombre. Une fois à bord de l'avion, nous avons envie de crier de joie. Nous sourions jusqu'aux oreilles. Je lâche un très long soupir de soulagement. Je suis si heureuse que j'en oublie ma peur pénétrante de l'avion. Cela me semble tellement secondaire maintenant. Nous nous envolons vers notre nouvelle vie. Loin de l'œil et des oreilles à chaque coin de rue, des accusations calomnieuses, des dix ans de prison qui nous guettent, du danger perpétuel.

Nous partons pour Paris !

Paris

J'ai grandi en Union soviétique, où les étrangers étaient à la fois considérés comme des extraterrestres et des dieux descendus de l'Olympe. N'importe qui maîtrisant une langue autre que celles des républiques soviétiques faisait l'objet d'une attention dévouée. Cet autre monde, interdit, attirait et fascinait tout un chacun. Nous portions les mêmes vêtements, mangions la même nourriture, écoutions la même musique à la télévision. Mais la modeste réalité soviétique ne suffisait pas à nos esprits jeunes et insatiables.

Les années ont passé, le monde a changé, les frontières se sont écroulées, les réseaux d'information se sont uniformisés. Mais au fond de moi, je suis restée la même petite fille soviétique en uniforme d'écolière, des tresses ornées de nœuds papillons rouges de chaque côté de la tête, le cou ceint par une cravate des pionniers, les anciennes jeunesses communistes.

Mon euphorie est sans limites. Paris nous accueille en la personne de notre ami François, à l'aéroport. Il est comme un frère. Nous nous sommes rencontrés lors de notre premier passage à Paris, quelques mois auparavant, lors de la présentation du livre de Piotr, publié chez

Louison Éditions. En une semaine, des liens solides se sont noués entre nous. À ses côtés, tout ne peut que se passer à merveille, semble-t-il.

Notre ami nous escorte vers notre première adresse parisienne. Rue Charlot, dans le Marais. Un appartement loué pour deux semaines. Après ce que nous venons de vivre, nous aimerions nous glisser sous une couverture épaisse et ne plus jamais en sortir. Mais la réalité obéit à d'autres lois. Elle nous ordonne de nous prendre en main, plus exactement de nous tirer hors du lit. Nous choisissons de prendre la parole face à la presse. Si nous étouffions cette histoire, cela voudrait dire que nous avons quelque chose à nous reprocher. L'histoire, il faut la dire et la répéter, sans rien cacher. Ce que nous faisons dès notre arrivée. Si nous avions commencé à parler en Ukraine, on ne nous aurait pas laissé sortir.

Notre histoire fait l'effet d'une bombe. Une semaine durant, nous donnons des interviews, répondons aux questions, nions les rumeurs, clarifions la situation. Le monde artistico-politique russe se divise en deux camps : pour ou contre. Nos ennemis se multiplient, nos vrais amis se révèlent.

Les accusations de ce genre salissent une réputation à jamais. Mais dans notre cas, tout est limpide, transparent. Anastasia ne souhaite pas faire de commentaire et préfère rester dans l'ombre. Je ne comprends pas pourquoi elle choisit de s'effacer. Un comportement étrange, après avoir initié tout un processus qui rend nécessaire de justifier ses actes. Se manifester pour faire entendre sa voix. Cela aurait pu donner une belle interview en direct. Son silence jette le trouble sur cette affaire. À qui a-t-elle profité ?

En Russie, il n'est pas rare que les femmes soient utilisées pour de telles manipulations. La réponse s'impose d'elle-même. Le FSB nous tournait autour depuis longtemps. Habituellement, des « assistants » autodésignés, prêts à tout pour aider l'artiste, tissaient leur toile autour de nous. Une surveillance et une collecte d'informations inoffensives, qui n'ont jamais réussi à faire échouer une seule action. Cette fois, ils ont manifestement pris une longueur d'avance en misant sur l'effet de surprise.

L'un de ces « assistants », Volodia, avait une fois provoqué une scène amusante. Il m'avait d'abord abordée en jouant au petit voyou. Il attendait la libération de Piotr pour lui proposer un coup grandiose, se vantant d'avoir accès à des armes et à de l'artillerie lourde. Ses gars nous aideraient quoi qu'il arrive, prétendait-il. Peu après la sortie de prison de Piotr, il nous avait donné rendez-vous. Il a longtemps tourné autour du pot, ne voulait pas parler devant moi et demandait que je parte. Piotr a dit : elle reste, je n'ai rien à lui cacher. Au final, Volodia nous a proposé de faire sauter le Kremlin. J'ignore ce qu'il espérait. Était-ce une commande des services secrets ou une initiative personnelle ? En tout cas, son offre était tout simplement démente. Nous l'avons déclinée poliment. Piotr a répondu qu'il était artiste, pas terroriste. Suite à quoi Volodia nous a fait part de son fantasme caché de devenir aussi célèbre que Piotr. Nous avons pris congé sur ces mots, dans le passage souterrain du métro Toulskaya. Après cette rencontre surréaliste, nous sommes devenus prudents dans le choix de nos amis. Anastasia ne m'a pas paru suspecte. Erreur fatale.

Des heures durant, nous discutons, réfléchissons et tentons de deviner qui nous a ainsi mis dans la nasse. Des milliers de questions sans réponse.

Nous comprenons que ce coup monté a été une façon de se débarrasser de nous, en nous forçant à fuir. Nous avons été contraints de prendre cette décision au nom de l'avenir. Pour continuer à faire de l'art. Continuer à défendre l'art politique depuis un camp de travail aux confins de la Russie, condamnés pour un viol que nous n'avons pas commis, semblait difficile.

Les mois passent. Nous faisons de nouvelles rencontres, des amitiés se tissent. Nous changeons souvent d'adresse, habitons dans presque tous les arrondissements de Paris à tour de rôle. Chaque fois, nous trouvons quelque chose pour un mois, pas plus, avant de devoir déménager plus loin. Tout semble nouveau et fascinant.

En faisant mes premiers pas dans cette ville dont je ne parle pas la langue, j'ai le sentiment de flotter dans le vide. Je ne comprends rien. Une langue étrangère, un rythme de vie tout autre. La réalité m'agresse. Elle semble hérissée de picots. La parole environnante se fond en une collection de lettres indiscernables. Personne ne parle anglais. C'est énervant.

J'apprends les phrases les plus simples par cœur, commander un café, acheter une baguette. Ça grince. Lutte perpétuelle avec un milieu étranger qui résiste. Qui ne te laisse pas entrer. Te repousse. Te moque. Chaque sortie en ville représente un stress immense. Je commence à haïr ce monde inconnu qui vit d'après ses propres lois, ses propres règles. L'impression trompeuse qu'en Russie, tout était clair et simple.

Paris refuse de s'ouvrir à nous. D'abord accueillant, son visage se distord dès que notre intention de rester devient manifeste. La ville commence à nous entraîner dans ses abysses, là où aucun touriste ne met jamais les pieds. Après la propreté répressive de Moscou, je m'éprends des rues sales de Paris. Ne pas vouloir traquer le moindre mégot, le moindre papier sale jeté sur le trottoir, c'est la vie. La propreté stérile, chirurgicale me fait peur. Elle m'évoque la poigne d'acier du pouvoir, sa sangle étouffante, vestige de l'époque soviétique. Les cadres du parti communiste lessivaient tout, les rues et leur entourage, pour se débarrasser des ennemis du peuple. De vieilles habitudes difficiles à perdre. L'hypocrisie des bourreaux se lit dans la machinerie de leurs systèmes de nettoyage. Ils nous ont évacués comme de vieilles ordures. Une purge.

Nous tissons de nouveaux liens. Les gens parlent beaucoup, promettent beaucoup, n'agissent jamais. Cela me sidère. Je ne comprends pas. Je gesticule. Une même question muette se fige sur mon visage : pourquoi faire ça ?

Peu à peu, je m'habitue. En France, c'est la norme. L'impression immédiate a plus de valeur que les longues relations de confiance. La politesse démonstrative remplace l'humain.

Nous faisons des démarches pour obtenir le statut de réfugié politique, qui nous est rapidement octroyé. La longue errance de lit en lit, de chambre en chambre, d'appartement en appartement finit par nous lasser. Nous avons besoin de quelque chose de plus stable, un lieu à nous. Un soir, nous rencontrons un groupe de squatteurs. Ils nous proposent d'emménager chez eux. Période d'essai de deux semaines. Et puis on verra. Nous acceptons avec joie.

Le squat nous semble être une solution idéale. Ce milieu anticonformiste nous intrigue. Nous voulons en savoir plus. Qui sont les Français ? Comment vivent-ils ? Quel air respirent-ils ?

Jusque-là, nous avions essentiellement affaire à des émigrés russes d'un autre temps, qui ne cessaient de remâcher un passé soviétique englouti. Un marécage d'ennui. L'idée de déménager pour découvrir un univers totalement neuf nous inspire. On nous attribue deux chambres, une pour les filles, une pour nous. Nous décidons de rester.

La relation libre

Nous déambulons dans le 11e arrondissement, en direction du boulevard Beaumarchais. Le soleil brille, c'est la fin du printemps, le moment où on peut commencer à retirer sa veste. L'air est sec et poussiéreux. Nous venons de récupérer les filles à l'école, elles avancent à nos côtés.

Je pense à mon ami Socrate, nous nous sommes appelés il y a quelques jours. Je me rends compte que mes sentiments pour lui sont toujours vivaces. C'est étrange. Deux ans sont passés depuis qu'il est entré dans ma vie, mais je n'arrive pas à le sortir de ma tête. Nous ne nous sommes jamais rencontrés en vrai. Seulement des lettres et des coups de fil.

La première fois que j'ai entendu parler de lui, Piotr était en prison à Moscou. Socrate, de son vrai nom Alexeï Sutugu, était un anarchiste convaincu[1]. Ses idéaux gravés dans la chair, il vivait vite, passionnément et dangereusement. Un guerrier sibérien. On m'avait parlé de lui, je l'ai d'abord cherché sur Google. Son visage, ses yeux m'ont aussitôt frappé. J'ai senti qu'il était quelqu'un de particulier. J'ai pris contact avec lui, ai rencontré sa

1. Il est décédé récemment à la suite d'une agression.

mère. Olga. Nous sommes devenues amies. Une longue correspondance a commencé avec Alexeï.

À l'époque, il était incarcéré dans la prison lointaine d'Irkutsk. Il purgeait une longue peine. Quatre ans. Une peine prononcée après un coup monté de la part du pouvoir, visant à le punir pour ses convictions. Le système pénitentiaire russe a toujours cherché à briser les anarchistes. Bientôt, il doit sortir. Nous venons de nous parler au téléphone. J'attends sa libération avec impatience. Je suis amoureuse jusqu'au bout des ongles.

– Il se passe quoi, entre toi et Socrate ?

– Hmm, il me plaît.

– Aaah, d'accord. Je voyais bien que tu partais à fond dans un nouveau délire. Tu regardes de nouveaux films, t'écoutes sa musique, t'éprends de son univers, sa subculture. Ça va trop loin.

La honte serre ma poitrine. Je rêve de sauter dans une fontaine et de m'y noyer. Je sais parfaitement ce qui va suivre. Une longue discussion désagréable, au cours de laquelle mes émotions et pensées intimes sur n'importe quel sujet se verront systématiquement rejetées. Piotr formule les choses de façon à me faire douter de moi, de Socrate, de mes sentiments. Il me force à adhérer à son point de vue de façon à ce qu'à la fin, j'aie honte de l'attirance ressentie.

Sur la route, le soleil nous aveugle brutalement. En un instant, des branches sombres et épineuses m'obstruent la vue, d'immenses pics noirs jaillissent de toutes parts, égratignent les vêtements, éraflent la peau. Je suis prise au piège de ses accusations incessantes. Un enfer de peur, de servilité et de honte, sur fond de haine pour moi et ma vie merdique.

Nous entrons dans une boulangerie en chemin. Ses reproches plein les oreilles, je décroche machinalement. Devant les filles, je ne laisse rien transparaître. Je leur souris et réponds à leurs questions interminables. Pour elles, ce n'est rien qu'une belle promenade après l'école, couronnée de pâtisseries délicieuses. Je sais ce qui se passera ensuite, j'attends que le dard empoisonné de sa jalousie s'émousse et qu'il m'autorise à tomber à genoux devant lui, accablée de remords. L'instant où son sourire satisfait effacera enfin la lueur cruelle de son regard.

– Très bien, il te plaît. Il est prêt à faire quelque chose pour toi ? Par exemple, aller défoncer le Teatr.doc ?

– Je ne sais pas. Pourquoi il devrait faire ça ?

– Et comment tu veux faire sinon, pour vérifier si tu lui plais vraiment ? Si c'est le cas, alors il fera tout ce que tu lui demanderas. Et sinon, tu es juste une idiote et il se fout de ta gueule. Tu es allée l'appeler en prison, c'est quoi ces conneries ?! Tiens, je te donne un vrai défi. Aller défoncer le Teatr.doc.

Je me crispe. Socrate n'acceptera jamais. Je le sais. Il n'est pas un chien qui obéit sur commande. La relation libre n'a jamais existé, maintenant je le comprends clairement. Un homme doit subir cette épreuve débile pour être digne d'entamer une relation avec moi. Et même s'il passait le test, il nous serait impossible d'être simplement proches. Parce que Piotr le refuse et qu'il trouvera un moyen de tuer la romance dans l'œuf. Je ne suis qu'un appendice de ses désirs et symboles, condamnée à enfouir mes affections dans la morne prison de mes fantasmes. Là, seuls des fantômes qui ne deviendront jamais réels me font jouir.

– Socrate me plaît, c'est tout. Dès que quelqu'un me plaît, il doit donc subir une épreuve de vérification ?

– Bien sûr. Tu croyais que tu pouvais simplement prendre ton pied comme ça ?

– Quand toi, tu avais simplement besoin de prendre ton pied en sortant de prison, tu as bien pris tes affaires et tu es parti à Saint-Pétersbourg pour deux semaines.

– Je te le répète, je suis parti travailler, trier du matériel pour une expo. Eh oui, pendant mon temps libre, pourquoi ne pas m'amuser ?

– Donc, toi tu as le droit de t'amuser mais pas moi, c'est ça ?

– Premièrement, je t'ai raconté tous les détails. La fille de l'imprimerie, c'est pour nous que je l'ai draguée. Pour qu'on puisse s'en servir ensemble, tous les deux.

– Donc toi, dans cette situation, tu te sers d'un trou pour l'attirer dans notre projet ensuite, c'est ça ?

– Bien sûr, je l'ai baisée et elle était prête à nous amuser tous les deux.

– Pourquoi tu retournes toujours tout ? Ma tête va exploser. Pourquoi, si j'ai envie de sexe et que je suis attirée par quelqu'un, ça prend tout de suite une autre signification que chez toi ? Tu peux coucher avec qui tu veux et c'est dans l'ordre des choses.

– Je ne suis attiré par personne, et puis quoi encore ?! Toutes ces conneries romantiques avec les sentiments, c'est pour les petits garçons. Cela ne sert qu'à mettre les gonzesses dans son lit. Au contraire, je suis honnête avec toi. Pour moi, tu es supérieure à toutes les autres. Tout ce que je fais, je le fais pour nous. Alors que toi, tu cherches à faire ta petite vie secrète de ton côté. Chez moi, tout est transparent. Je ne cache rien.

– Maintenant j'ai honte d'admettre que Socrate me plaît, vu que d'après toi, ce sont des conneries pour petites filles.

– Bien évidemment !

Je réprime les sentiments que j'éprouve pour Socrate depuis assez longtemps. Maintenant, je les condamne à mort. J'exécute immédiatement la sentence. Je sais qu'il n'y a pas d'autre issue. Ces fantaisies amoureuses stupides doivent cesser. Elles ne mènent à rien. Adieu, illusion ! Je me soumets à celui qui prend soin de moi, à celui qui m'aime. La honte m'envahit. Quelque chose doit vraiment clocher chez moi. Pourquoi suis-je attirée par d'autres hommes ? Piotr fait tout pour moi. Il est toujours à mes côtés. Honnête, transparent, sans failles ni zones d'ombre. C'est moi qui suis vile et lamentable. Pourquoi ne puis-je résister au désir de désobéir ?

– La vraie question, c'est de savoir à quoi il est prêt pour toi et donc pour nous. Ce qu'il peut faire concrètement pour le prouver.

– Je ne pense pas qu'il soit prêt à agir pour moi.

– Eh bien, tu vois ! Et toi, tu perds ton temps avec lui. En plus, tu imites ses goûts. Dès que quelqu'un apparaît dans ta vie, tu es prête à le copier ?

– Peut-être. Ça m'intéressait de découvrir de nouvelles choses.

– C'est des conneries, tu as déjà tout ce qu'il te faut. Au lieu de faire avancer nos affaires, tu vas fourrer ton nez n'importe où.

– Oui, tu as raison. Et merde ! J'ai perdu mon temps, je le comprends maintenant.

Je passe à des sujets plus inoffensifs. Imperceptiblement, nous revenons à nos conversations habituelles. Nous rentrons à la maison réconciliés. Je suis un chiot qui remue la queue et halète pour prouver sa dévotion à son maître. Grand seigneur, celui-ci s'attendrit et accepte mon vœu de pénitence.

Le soleil s'apaise et nous réchauffe avec douceur. Le monde cesse d'être un enchevêtrement d'épines. Oksana n'appartient à nouveau qu'à un seul.

Le rideau cramoisi

Piotr est debout sur une table, en train d'accrocher un lourd rideau rouge avec des crochets.

Il me lance :

– J'ai observé comment tu t'es comportée hier. C'était quoi ces ricanements avec l'autre petit jeune ? Tu dois être au-dessus de ça.

Je suis en bas et l'aide à tenir le rideau. Je lève la tête vers lui :

– Oui, un mec m'a plu, cela faisait un moment que je l'avais remarqué au squat. On a discuté un peu. J'ai fait le premier pas, j'en avais envie. C'est mal ?

– C'est inacceptable. Tu dois soumettre un homme, l'humilier, le contraindre comme le font d'habitude les hommes avec les femmes. Il doit te courtiser. C'est toi qui dois le baiser et pas l'inverse. La nature des femmes les prédestine à être baisées. Tu dois aller contre cette nature.

– Mais toi, tu baises bien des femmes, juste pour les baiser.

– Si je baise une gonzesse, ça veut dire que nous la baisons tous les deux. Mais si toi, tu te fais baiser, c'est comme si on se faisait baiser, nous deux. Tu comprends ça ? Nous sommes entourés de symboles et de signes. Le monde est fait de symboles et de signes. Tout le monde sait ça.

– Oui, je comprends, mais parfois, j'ai simplement envie de prendre du plaisir et de coucher avec quelqu'un sans toute cette surcharge de symboles et de signes.

– Ça veut dire que tu es juste un trou, n'importe qui peut venir te baiser ?

– Non, je ne considère pas que je ne suis qu'un trou. Mais je ne peux pas baiser un homme comme si c'était une femme et mon corps me plaît tel qu'il est. Ce n'est pas une relation libre si tu me dictes quand et avec qui je dois coucher. Et si j'ai juste envie de sexe, je deviens tout de suite un trou ? Tu ne trouves pas que c'est un peu injuste ?

– Écoute-moi. Nous sommes un couple. Nous ne faisons qu'un. Quand quelqu'un te baise, il nous baise tous les deux. Tu comprends ?

– Oui, mais ça veut dire que je n'ai pas de choix du tout. Je dois faire ce que je n'ai pas envie de faire pour ne pas porter une ombre sur nous deux ? Si j'ai envie de quelqu'un, je suis immédiatement dégradée au rang de trou. Je dois tuer toute forme de désir et me mettre à dominer pour te faire plaisir. C'est injuste.

– Alors dis-le : je suis un trou et j'aime être utilisée comme trou. Et c'est comme ça que je te considérerai.

– Non, évidemment que je ne suis pas un trou. D'accord, alors dis-moi ce que je dois faire, concrètement ?

– Quand tu es avec un homme, tu dois l'humilier en public, devant tout le monde. Pour anéantir sa dignité masculine. Il doit faire exactement ce que tu lui dicteras de faire. Par exemple, te lécher les pieds. S'il tente de faire autre chose, il devra en payer le prix. Des coups de pied dans le visage, par exemple. Compris ?

– Oui. Mais je ne sais pas si j'en serai capable.

– Ce n'est rien du tout. N'importe qui peut le faire. Il suffit de savoir pourquoi on le fait. Le sexe n'est pas une affaire de plaisir. C'est une question de pouvoir. De domination et de soumission. C'est tout. Les femmes sont soumises, c'est leur rôle. Si tu ne veux pas être comme elles, tu dois faire ce que je te dis. Tu les baises, ils rampent à tes pieds. C'est clair ?

– J'ai besoin de temps pour me préparer à faire ça.

– Tu baises ou tu es baisée, c'est tout ! Entre les deux, il n'y a rien ! Les sentiments n'existent pas !

Le lourd rideau cramoisi prend la place qui lui est destinée au-dessus de la fenêtre.

Château-Landon

Squat de Château-Landon. Début de soirée. Nous rentrons d'un tour de repérage. Nous cherchons une nouvelle maison. Il est calme et satisfait. Tout se passe comme il le veut. Les pensées tournoient dans ma tête. Je me mets au défi. Je dois me prouver, lui prouver que je ne suis pas qu'un trou. Oublier la discussion sordide de la veille. Je bouillonne. J'ai envie de devenir lui, Piotr. Cela fait longtemps que je ne peux m'empêcher de nous comparer. Je voudrais jouer avec les hommes avec la même aisance que lui avec les femmes. Le convaincre que je le mérite. Une fois de plus.

Je vais droit dans la cuisine. Du vin est sur la table. Je me sers un grand verre. Le descends en quelques gorgées. Il vient me voir, me regarde et sans dire un mot, monte en direction de notre chambre. Je prends ça pour une autorisation. Je continue à discuter. Le squat s'emplit de monde. C'est le week-end, vendredi ou samedi soir. Je suis en effervescence. Je n'ai peur de rien. Tout est permis. Je suis libre !

Un groupe s'installe dans une voiture de location. Je ne suis pas d'accord. Je ne veux pas qu'ils partent. Sans eux, je risque de m'ennuyer. Il est hors de question que je retourne dans la chambre à l'éclairage terne ; admirer sa mauvaise humeur de dos face à l'ordinateur. Je sais déchiffrer l'expression de son visage rien qu'en regardant son dos.

Mon verre à la main, je sens une force extraordinaire s'emparer de moi. Je ne suis plus moi-même. Je suis possédée par lui. Je crie : « Vous n'irez nulle part, je ne suis pas d'accord ! » Je lance mon verre sur la voiture. Il atterrit sur la vitre. Elle se brise en mille morceaux. On dirait du sucre. Les passagers ressortent de la voiture. Ils grognent pour exprimer leur stupéfaction. J'ai gagné. Le trajet est annulé. La fête continue. Je perçois des regards agressifs dans la foule. Mais personne n'ose m'adresser un reproche. Ils me craignent. J'observe calmement la scène. Après, tout va très vite.

J'aperçois M., un gars du squat. Il y jouit d'un statut particulier, a droit à une partie du bâtiment pour lui tout seul. C'est un toxicomane. Un voyou qui ne fait rien de sa vie. Mais quelque chose chez lui m'attire. Je sens la flamme qui brûle en lui. Il est vivant.

Je monte dans sa voiture. Nous abordons l'incident. La discussion est vive et animée. Il me propose d'aller à une soirée. J'accepte. Piotr débarque et monte dans la voiture avec nous. Nous partons tous les trois. C'est loin mais on s'éclate, la voiture file à toute allure, j'adore. Je suis excitée ; la soirée promet d'être géniale. Nous arrivons.

Un squat dans une tour d'immeuble. Un très grand espace. La fumée est âcre, la foule foisonnante, la musique assourdissante. Je suis bientôt complètement ivre et aimerais dessaouler. Je propose à M. de faire un tour. Nous nous engouffrons dans le bâtiment labyrinthique.

Nous marchons longtemps et nous rapprochons peu à peu. Il me prend par la main. C'est agréable. Nous avançons côte à côte, nos corps s'effleurent de temps à autre. J'aimerais que ce moment ne s'arrête jamais. Une vague de chaleur et de confiance s'élève dans ma poitrine. Une sensation que je n'avais pas ressentie depuis très longtemps. Peu importe où nous allons, j'ai surtout envie d'être loin de Piotr et de ses petites blagues débiles. Il vient de voler une bouteille de vodka au barman qui a été obligé de lui courir après dans toute la salle. Après qu'il s'est déclaré vainqueur, le barman a dû le servir gratuitement. À cet instant, je préfèrerais vivre n'importe quoi, tout sauf ça.

Nous franchissons des dizaines de pièces. Dans l'une d'entre elles, nous tombons sur des petits gangsters locaux. La musique y est assourdissante, de jeunes femmes noires à moitié nues sont affalées sur des couvertures aux motifs tigrés. J'ai envie de rester là. Mais nous poursuivons notre chemin.

Nous nous retrouvons dans un grand bâtiment. Une montagne de coussins sur le sol. Je fais le premier pas. Je l'embrasse. Il me plaît vraiment. Mais au fond de moi, j'entends Piotr dicter ce que je dois faire aux hommes. Je dois dominer !

Je déploie des efforts titanesques pour m'arracher à la douceur de l'instant. Je me refoule.

Je redeviens P. J'ordonne. L'homme face à moi s'exécute. Il fait tout ce que je lui demande. Je dois dominer !

Je lui ordonne de me lécher les pieds. Il remonte le long de mes jambes, pénètre mon vagin avec sa langue. Il obéit docilement à chacun de mes ordres. J'exprime des fantasmes de plus en plus inavouables. Sans broncher, il s'exécute, fait tout ce que je lui ordonne. Je suis au septième ciel. Je l'ai fait, je ne suis pas qu'un trou !

Il est en mon pouvoir. Je me prouve à cet instant que je suis capable de devenir un homme et de faire plier un homme. Je mène un dialogue intérieur avec Piotr. Regarde ce qui se passe, j'ai réussi, je suis en train de le faire !

Le temps de ce dialogue intérieur, je baisse la garde. Son pénis tente d'entrer en moi. Je me défends, le repousse avec les pieds et nous commençons à nous battre. Je le soumets définitivement. Quand je le quitte, j'ai la sensation parfaite d'avoir accompli mon devoir. Je sors triomphante !

Je retrouve Piotr. Il demande où j'étais passée. Je lui raconte. Nous fêtons ça ensemble. Seulement, une question ne le laisse pas en paix. Pourquoi ne l'ai-je pas fait sous ses yeux ? Pourquoi ai-je préféré me cacher ? Je réponds que c'est arrivé comme ça. Une opportunité a surgi et je l'ai utilisée exactement comme il me l'avait demandé. Nous continuons à danser et nous amuser. Je savoure ma victoire. Je jubile jusqu'au petit matin, lorsque nous rentrons nous coucher au squat.

Le lendemain, au réveil, j'exulte toujours. Pour la première fois de ma vie, je n'ai pas été qu'une chatte. Je lui ai prouvé. Ces pensées illuminent le début de ma journée. Il est de plus en plus irritable. Il ne m'approche pas, me dévisage avec méfiance et même dédain. Il me demande pour la énième fois de lui raconter mon triomphe de cette nuit. Je répète l'histoire. Nous quittons la maison ensemble. Il reste à cinq mètres de moi. Je sens que quelque chose ne va pas. Je demande où est le problème. Il me lance un regard condescendant. Tout va bien, sans doute, me répond-il. Nous retournons au squat.

Je suis dans la chambre des filles, le soleil dessine de petites arabesques sur les murs. Un rire insouciant résonne depuis la rue. Je sens le petit souffle tiède d'un vent d'été. Il me convoque dans la chambre étouffante. Je m'avance calmement.

– Je trouve que M. a l'air un peu trop satisfait. Tu as vraiment tout fait comme tu me l'as dit ?

– Oui, tout s'est passé exactement comme je te l'ai dit.

– Tu es sûre ? Il n'a pas l'air de quelqu'un qui s'est fait humilier la nuit passée, c'est plutôt le contraire. Je te pose la question pour la dernière fois. Dis-moi ce qui s'est passé en détail.

Encore une fois, je fais le récit de la scène.

– Et tu es sûre qu'il ne s'est rien passé d'autre ?

Je me remémore la toute dernière tentative d'approche de M. Je me tais une seconde. Une hésitation. Cela lui suffit pour s'y immiscer et me pressurer jusqu'au bout. Je comprends qu'en réalité, j'ai perdu, j'ai tout sauf gagné, dans ma tête le verdict terrible retentit déjà. Cet infime détail après lequel mon corps devient noir et la chambre une pièce de torture. C'est le moment où il choisit la voie de la dictature.

Il se jette sur moi. Me rue de coups de pied. Cible la poitrine, le dos, mais surtout, il cogne mes jambes. C'est l'été. Il est en sandales. Je tombe. Les coups continuent à pleuvoir, je me protège avec mes bras, cache mes jambes et les endroits qu'il vise. Les coups s'abattent sur mes bras. Il ne touche jamais au visage.

La douleur me lacère, tout brûle, je crie faiblement, il m'ordonne de ne pas faire de bruit et de recevoir ma punition. Comme je l'ai méritée, je n'ai pas le droit de répondre, seules les autres femmes ont le droit de se défendre, elles sont toutes meilleures que moi. Et moi, moi je dois subir. Il fait une petite pause, je m'éloigne en rampant et m'assois sur une chaise. Mon corps brûle et hurle, la sensation se diffuse partout. Il déblatère de façon ininterrompue. Ses pieds et ses mains s'offrent une trêve.

Son flux de paroles me diminue, m'humilie, m'anéantit, me menace. Il s'approche de moi à nouveau, je me crispe de peur. Il me donne des coups de pied dans les seins, les épaules, je tombe et me contracte à nouveau, mon dos brûle. J'essaie de me protéger de ce déferlement cruel. Je veux que ça s'arrête, je lui demande d'arrêter. Cela l'exhorte à continuer. Il frappe de plus en plus fort, méthodiquement, avec le talon de sa sandale. Mes jambes, je ne les sens plus, ce sont elles qui ont pris le plus cher. J'attends en silence qu'il fatigue. Mon corps n'est plus mon corps, c'est un bout de viande, une côtelette, je me dissocie, tout m'indiffère – celle que l'on frappe et humilie, ce n'est plus moi. Je suis à côté et je plane.

Une nouvelle pause. Il s'éloigne. Dehors, on entend des voix joyeuses, une musique légère, le début de soirée bat son plein, les gens sont détendus, personne n'imagine qu'à l'instant, mon corps et mon âme viennent de se séparer. Tout ce temps, je reste concentrée sur la fenêtre. Je vois la lumière, j'entrevois la liberté. Mais je suis en cage avec un animal sauvage qui s'est mis en tête de me tuer, semble-t-il. À nouveau, il s'approche de moi. Mon corps s'est engourdi, il ne réagit presque plus aux coups. Il commence à fatiguer. Tout le monde ne supporterait pas trois rounds de vingt minutes. La veille, il a bu et n'est pas en forme. La gueule de bois, ce n'est pas l'idéal. Je me lève pour aller voir les filles dans la chambre voisine. Les reflets lumineux esquissent des figures sur les murs. Mon corps brûle, l'acidité le ronge, mes muscles se dissolvent, ma peau devient violet foncé, presque noire, mes jambes sont trois fois plus épaisses, mes bras pendent comme des cordelettes. Je pleure d'impuissance. Très vite, je me reprends en main, les enfants me regardent. Elles me consolent, caressent mes bras et mes jambes tuméfiées de leurs petites mains, essuient mes larmes. Leurs petites têtes blotties contre mes épaules, elles sont là. Un oiseau blessé et ses oisillons. Je me calme. Les vagues de douleur affluent et refluent de plus belle. Il nous rejoint dans la chambre, demande pourquoi je fais la victime. Je grommelle en retour. Les coups pleuvent à nouveau sur mes jambes, je crie pour qu'il s'arrête. Pas devant les enfants. Il m'ordonne d'y retourner, près de la fenêtre d'où m'arrivent un vent léger, des rires enjoués. J'y vais.

La scène du découpage en morceaux

Il pleut, mes jambes sont gonflées par les hématomes. Je n'ai pas froid, je ne sens pas mon corps. Une agréable petite pluie fraîche accompagne mes pas. La rue me protège. Un espace où circuler librement, où il y a des gens. Dehors, rien ne peut m'arriver. Je me sens en sécurité, temporairement. Je m'approche du petit pont au-dessus du canal Saint-Martin et aperçois son visage. En me voyant, son air tranquille se transforme en condescendance glaciale. Il me demande où je vais, je réponds tout bas. Je suis en chemin pour corriger l'une de mes bêtises, installer Internet sur son téléphone. Bientôt, nous en aurons besoin pour le déménagement. Je n'ai plus que dix euros. Le prix d'une carte pour réparer mon oubli. Pas un centime de plus. Il m'a tout pris.

– Rentre, il faut qu'on parle. T'as besoin de combien de temps ? Une demi-heure ! Dans une demi-heure, tu dois être rentrée.

Il regarde son téléphone et lance le chronomètre. En moi, la nausée monte. La sensation de suffoquer comprime jusqu'à mes cellules les plus infimes. Un feu sec ronge ma gorge et ma poitrine.

– D'accord.

De retour dans la chambre au rideau écarlate, sa silhouette se découpe sur le fond de la fenêtre. Son visage est face au mien. À sa droite sur la table, un sac avec mes produits de beauté. Devant lui, un grand récipient de type saladier.

– Assieds-toi.

Je m'assois.

À ce moment, je saisis enfin ce qu'il fait. Il a déjà commencé. Méthodiquement, un tube après l'autre, il détruit tous mes produits de soin du corps et du visage. Ma coloration pour les cheveux, mes crèmes, ma teinture à sourcils, mon gel nettoyant et mes masques pour le visage, mon lait pour le corps. Rien n'est épargné. Tout en voyant mes produits cosmétiques couler dans le saladier, je comprends qu'il a décidé de me priver de toutes les affaires personnelles que je possède.

Le voir détruire ce qui m'appartient est devenu une habitude. Ça a commencé pendant la seconde année de notre vie commune. D'abord les téléphones. Puis, la palette de ses saccages s'est élargie aux vêtements, aux chaussures, aux ordinateurs.

Je le regarde faire sans émotion. Je reste de marbre. Il vaut mieux que ce soient mes affaires que mon corps. À l'inspiration, je sens un blocage. Une fêlure des côtes, sans doute. Je suis muette comme une carpe.

Je n'ai presque pas dormi depuis deux jours. Il m'a interdit de m'endormir. J'ai tout juste eu le droit de m'étendre sur le lit. Il était assis sur la chaise en face et me scrutait. Le regard empli de dégoût et de mépris. Il me parlait d'une voix calme, douce, apaisante presque. Quand elle s'éteignait, je décrochais et sombrais dans le sommeil, une minute tout au plus, aussitôt suivie d'un coup de pied dans la jambe. Il m'a fait revenir dans la chambre au rideau écarlate. La réalité commençait à se stratifier. Je ne savais plus si je dormais ou non. Je n'avais rien mangé depuis plusieurs jours, seulement bu de l'eau, avidement. Fumer était interdit.

– Si tu fumes, je te défonce.

Une fois, j'ai filé en douce alors qu'il avait le dos tourné. Je me suis grillé une cigarette, taxée au vendeur de vélos sur le canal Saint-Martin. J'ai inhalé l'âcre fumée interdite avec l'impression d'inspirer la liberté. Je l'ai aspirée en cinq bouffées, tant mon besoin de cette parenthèse était vorace.

Dans la chambre, la légèreté de mon corps se mêle à l'irréalité du présent. Je me sens devenir aérienne.

Mes tubes de cosmétiques sont vidés de leur contenu. Le récipient est rempli à ras bord.

Il le repousse sur la gauche. C'est là que j'aperçois les ciseaux sur la table. À sa droite, sur une chaise, un sac plastique noir contient mes vêtements. C'est leur tour. Après s'être emparé des ciseaux, il sort mes pulls précautionneusement, presque affectueusement. Puis mes leggins, mes t-shirts, mes culottes, mes soutiens-gorge. Il découpe tout en petits morceaux. Le reste de mes vêtements attend patiemment son tour par terre, à côté. Cela lui prend quarante minutes de plus. Tout ce temps, il parle sans interruption.

Un moment de répit. Ses mains sont occupées par autre chose que mon corps. L'humiliation continue m'inquiète à peine. Elle me semble presque innocente. Quand il n'y a plus d'habits dans le sac ni à côté de lui, il se lève, fait le tour de la table, ma chaise est derrière. Il enlève du dossier ma veste encore mouillée par la pluie et la découpe méthodiquement, elle aussi. Je comprends qu'il ne me restera plus que les vêtements que j'ai sur le dos. Et ce pour une durée indéterminée. Me les avoir laissés m'apparaît comme une attention touchante. J'attends de voir ce qu'il fera ensuite. Il n'attend pas longtemps.

On n'est pas des puritains

– J'ai réfléchi et j'ai décidé que finalement, je vais continuer à te baiser. On n'est pas des puritains quand même. Comme tu es une *opouchënnyia*[1], une personne dégradée moralement, je ne vais pas t'embrasser, bien sûr. Mais te baiser, si. À partir de maintenant, tu vas dormir dans ma chambre.

J'expire avec déférence. Le voilà, le virage heureux que j'attendais.

Enfin, il s'est adouci, il n'est pas aussi indifférent que je l'ai cru tout ce temps. Il a toujours des sentiments pour moi. C'est mon geste horrible qu'il peine à accepter. Il ne m'a pas pardonnée, mais il fait son possible pour y parvenir. Ces pensées plaisantes se bousculent dans mon esprit abruti par les coups. Sa grandeur d'âme me touche profondément. Je suis heureuse.

Le même soir. Sa chambre, qui est maintenant la nôtre. Je me couche sur le matelas. M'enroule dans une couverture. Une ampoule nue est allumée sous le plafond. Je commence à sombrer dans le sommeil.

---

1. On retrouve ici le système de castes de prison russe, où les *opouchënnyie* sont tout en bas de l'échelle hiérarchique. (NdT)

*

Il est assis en silence, derrière son écran. Il mange ses sempiternels spaghettis, plongé dans une lecture. Nous échangeons quelques mots sans animosité. Tout va bien.

Après deux semaines de fatigue, le sommeil m'emporte immédiatement. Je couvre mes yeux d'un t-shirt noir pour les protéger de la lumière aveuglante. Il chasse le tissu d'un geste, l'éclairage me déchire la rétine.

Il est entièrement nu. Il est tout près.

Il appuie ses genoux contre mes bras. Mes os commencent à se fendiller.

J'ai mal.

Je le lui dis et essaie de me libérer.

Sans un mot, il appuie encore plus fort.

Il appuie de toutes ses forces sur mes pommettes, ma bouche s'ouvre.

Il enfonce son sexe dans ma bouche.

Il commence à bouger en rythme.

Je ne peux pas respirer, j'inspire spasmodiquement entre ses mouvements. Je tente de libérer mes bras un tant soit peu.

Ses genoux s'écrasent encore plus fort sur mes arrière-bras. La douleur est aigüe et perçante.

Ma sensibilité diminue.

Je m'habitue presque à ce rythme mécanique.

Ma bouche est pleine de lui. Les mouvements deviennent de plus en plus intenses.

Mon visage est toujours immobilisé par sa poigne d'acier.

J'ai mal, je suis blessée comme une enfant, je pleure, je ferme les yeux.

Il m'ordonne d'ouvrir les yeux et de le regarder.

J'obéis.

Je le regarde.

– On n'est pas des puritains quand même.

Ses mouvements sont de plus en plus brusques. Je sais qu'il éjaculera bientôt, il ne me reste plus qu'à attendre un petit peu. Il a toujours terminé vite.

Je ne sens plus mes bras. Seulement leurs frottements sous ses genoux pointus. Mon corps gît sur le matelas, sans volonté. Le visage inondé de larmes, je suffoque presque. Je suis entravée de tous les côtés. La panique m'envahit, encore quelques secondes et je n'arriverai même plus à faire une brève inspiration.

Le liquide chaud jaillit dans ma gorge. Il se lève de mes bras après avoir appuyé dessus une dernière fois et se sèche avec une serviette, d'un air dégoûté. Il ne me regarde pas.

Je me relève lentement et commence à pousser des sanglots. Je me cache la bouche avec mon bras engourdi et cours vers les toilettes, pour que personne ne m'entende.

À présent, je saisis le sens de la phrase : « On n'est pas des puritains. »

Dès lors, le supplice de mes jours se poursuivra aussi la nuit. Cette pensée me tétanise.

L'idée d'envoyer tout ça au diable me traverse. Lui, le présent cauchemardesque, le futur prévisible. Elle est terriblement séduisante. Une possibilité de sortie, un réconfort. Mais je la rejette. Je vais tenir. Je l'aime tellement. Je lui prouverai que je suis prête à tout, pourvu qu'il me pardonne. Pourvu que tout redevienne comme avant. J'essuie mon visage. La mort dans l'âme, je retourne dans la chambre à l'ampoule nue au plafond.

La liste des règles

Contrôle de mes déplacements.

Contrôle de mes fréquentations.

Contrôle de mes appels et de ma correspondance.

Contrôle de mon apparence : tous mes vêtements doivent recevoir sa validation préalable. Quand un habit ne lui plaît pas, il le découpe et le remet dans mon armoire afin que je comprenne que je n'ai pas le droit de le porter.

Interdiction de porter des lentilles de contact. Il a jeté mes lentilles et m'a forcé à porter des lunettes.

Interdiction de prendre soin de mon apparence, de me teindre les cheveux et les sourcils.

Interdiction de prendre soin de mon visage, de mettre des crèmes. Pour que mon vrai visage hideux apparaisse.

Interdiction de me couper et de me nettoyer les ongles.

Interdiction de faire du sport.

Interdiction de fumer et de boire de l'alcool.

Contrôle de mes échanges avec les enfants. Interdiction de leur manifester une attention et une tendresse excessives.

Construction et entretien d'une image de couple parfait en public.

Interdiction de divulguer la moindre information concernant notre vie commune.

Interdiction d'avoir des amis, de parler de sujets personnels, d'autre chose que de travail, avec quiconque.

Interdiction de lire des livres.

Contrôle rigoureux de la propreté de la maison et entretien d'une propreté idéale. Tout doit être à sa place et rangé comme il l'a ordonné.

Interdiction d'élever la voix lorsque je lui parle. Je suis obligée de prendre un ton doux et aimable.

Les méthodes de torture

Privation de sommeil.
Coups.
Humiliations.
Gaslighting[1].
Intimidations.
Viol tous les soirs, avant de dormir.

1. Technique de manipulation qui consiste à faire douter sa victime de sa propre santé mentale.

Villa des Lilas

« On ne peut pas se séparer maintenant. Tous mes ennemis verront ça comme une victoire. Tu ne peux partir avant cinq ans... »

Le squat devient oppressant. Les fenêtres cassées, l'incompréhension grandissante des voisins, les bleus sur mon corps, le rituel nocturne de la voie de la dictature. Il faut qu'on parte.

Nous arpentons les rues chaque soir, à la recherche d'une nouvelle maison. À l'abri des regards curieux, la prison doit être parfaite. Depuis longtemps, mon âme est sortie de mon corps. Je suis un robot, une poupée, une enveloppe, de la viande, une bête, tout sauf une personne. Nos échanges quotidiens sont une torture interminable, sur les plans physique et mental. Je porte des lunettes que j'exècre. Toujours les mêmes vêtements, toujours la même culotte. Quand je la lave, j'attends dans la salle de bain qu'elle ait séchée. Ou alors, je l'enfile mouillée, elle sèche vite sur mon corps toujours chaud, endurci par les grands froids de Norilsk.

Je reçois mes punitions méritées avec gratitude. Le moindre signe de chaleur me contente. J'y vois la marque du sentiment amoureux qu'il éprouverait encore pour moi. Je m'en veux toujours de lui infliger autant de souffrances par ma bêtise et ma lâcheté.

Enfin, nous trouvons un nouvel abri. Nous déménageons. Nous nous installons dans une vieille maison sale et abandonnée, qui se délabre depuis dix ans, moisit et croupit. J'espère secrètement que ce changement de lieu transforme sa colère en gentillesse. Il jugera que j'ai racheté mes erreurs, tout redeviendra comme avant. Chaque matin, l'espoir se lève avec le soleil et s'estompe avec les tons roses du crépuscule, que je contemple depuis la terrasse de notre maison.

La maison et moi, nous sommes toutes les deux abandonnées et inutiles. Je nettoie, je frotte, je veux la sauver et me sauver. Me faufilant à travers les innombrables toiles d'araignée et la saleté, je me fraie un chemin vers moi-même. Au fur et à mesure que la maison devient propre, je deviens plus légère. Calme et joyeuse.

La voie de la dictature continue, les rituels nocturnes restent inchangés. Je les subis avec une distance nouvelle. Je prête mon corps sans aucune émotion. C'est devenu une partie de ma vie. Je l'ai acceptée. Malgré les humiliations permanentes, mon cœur se remet à battre. Mon âme revient. Je ressuscite. Comme la maison. Je la soigne, elle me soigne en retour. Nous nous entraidons.

Soir

Les enfants dorment depuis longtemps. J'installe mon matelas sur le carrelage froid. Je dors dans l'entrée. À ma droite, deux fauteuils dont les propriétaires de la maison nous ont priés de ne pas nous débarrasser. Un souvenir de leur père décédé. Nous avons gardé les fauteuils. J'ai cousu deux housses en cuir dont je les ai revêtus. À présent, ils sont confortables. La cuisine est au bout de l'entrée, devant moi. À gauche, l'escalier qui mène à l'étage.

Je m'étends sous la couverture. Je consulte quelque chose sur mon téléphone. Les films dits intellectuels me sont interdits. Puisque les regarder ne me rend pas plus intelligente. Seules les séries du genre *Big Bang Theory* me sont autorisées. Je regarde cette série tous les jours avant de m'endormir. Elle m'apaise, me berce. C'est mon somnifère.

La journée m'a fatiguée. La maison demande toujours du travail. Quelque part entre le matelas et la couverture, mon corps devient gélatineux.

J'entends des pas. Un sentiment d'impuissance me tombe dessus. Je sais exactement ce qui va se passer dans la prochaine demi-heure. Des relents de nausée déferlent dans ma gorge. À l'intérieur, tout crie : « Non, non, non ! Je ne veux pas de ça. » Je ravale mes non. Je me force à sourire.

Il est nu. Il s'approche du fauteuil à côté de mon matelas. S'assoit sur le bord.

– Allez, au boulot. Qu'est-ce que t'as à regarder ? Mets-y un peu de fantaisie. Ne prends pas cet air déprimé. On dirait presque que t'aimes pas ça.

Je suis agenouillée devant lui. Il incline ma tête et s'enfonce plus profondément dans ma gorge. J'exécute ses demandes avec obéissance. Il caresse ma tête, presque tendrement.

Je réprime difficilement mes pulsions nauséeuses. Parfois je n'arrive pas à me retenir et cours vomir à la cuisine.

Il se lève tranquillement et repart. Monte dans sa chambre au sol noir à l'étage. La maison devient tout à fait silencieuse. Pour aujourd'hui, la torture est terminée.

Je me recouche sur mon matelas, sous ma couverture. Visse les écouteurs dans mes oreilles. Rallume la série. M'endors aussitôt.

Face public

Aux yeux du monde, nous sommes un couple modèle. Jetant de la poudre aux yeux des journalistes et autres curieux, nous leur organisons des visites de notre maison-prison. Ils s'extasient devant notre idylle familiale, se montrent impressionnés par notre détachement quant aux conditions matérielles. C'est ici que Janna Nemtsova[1], journaliste pour la radio allemande Deutsche Welle, vient l'interviewer. Son équipe le filme dans sa chambre au sol noir. La même chambre d'où il descend tous les soirs pour le rituel de viol nocturne, où il retourne ensuite s'endormir sans un mot.

Nous recevons des invités. Face au spectacle de notre bonheur familial, leurs visages se figent en sourires béats. Piotr n'arrête pas de parler. Muette comme une carpe, je me tiens à côté de lui, souris et hoche de la tête. Je récite les phrases qu'il m'a faites apprendre par cœur. Un codex sévère définit ce qu'il est autorisé de dire aux gens de l'extérieur et ce qui est interdit.

1. Janna Nemtsova, journaliste et militante pour les droits de l'homme, est la fille de Boris Nemtsov, le politicien d'opposition russe assassiné en 2015 à côté du Kremlin.

Dès qu'ils tournent les talons, le dédain afflue à nouveau dans son regard. Il décortique nos discussions, les dissèque jusque dans les moindres détails, traque l'erreur que j'aurais pu commettre. Une fois les portes fermées, la punition m'attend à chaque mot de trop.

Métro parisien

Nous sommes en chemin pour un rendez-vous. Liliia est dans le métro avec nous. Nous nous cramponnons à une rambarde à l'entrée de la rame. Piotr parle sans interruption. Le wagon siffle en arrière-fond. Mon attention vagabonde ailleurs, une seconde. Je me tourne à droite. Un coup colossal atterrit dans mes côtes.

– Eh bien alors ?

– Eh bien alors, quoi ?

– Tu n'as pas entendu ou quoi ?

– Non, je pensais à autre chose.

Son regard de haine me fusille immédiatement pour cet instant d'inattention. Il m'assène encore un coup violent, je perds l'équilibre, écrase le pied de Liliia. Elle commence à pleurer. Je le regarde d'un air implorant. Les visages des passagers se tournent vers nous. J'essaie de cacher que je suis blessée, retiens les larmes au coin de mes yeux. J'ai honte. Je prends Liliia par la main. Nous sortons du wagon. J'étouffe l'envie de fondre en sanglots. Nous traversons le passage souterrain. Liliia est impossible à calmer. Je la serre fort contre moi.

Un timbre masculin inconnu me parvient. L'homme effleure ma main.

– Vous allez bien ?

Je me retourne vers lui. Il a vu.

Je ravale la boule dans ma gorge :

– Oui, merci, tout va bien.

Piotr observe la scène avec attention.

L'homme s'éloigne et retourne à ses occupations. Il a tout lu dans mes yeux.

Nous sortons du métro.

C'est la première fois qu'il n'a pas réussi à se retenir en public.

Trêve

Arrive le moment de préparer la prochaine action. Ce moment finit toujours par arriver.

Un jour, appuyé contre le montant de la porte, à côté de l'escalier menant vers la chambre au sol noir, il me dit :

– J'ai réfléchi. Si tu m'aides avec cette action, je te considérerai différemment.

J'en ai le souffle coupé. Je réponds :

– Comment ça ?

– Je serai à nouveau dans de bonnes dispositions envers toi.

– Bien sûr ! Bien sûr ! Je ferai tout ! Je suis prête.

– Alors, passons à l'entraînement.

Le temps devient à nouveau concret et palpable. Quelques idées voguent dans l'atmosphère. Il suffit d'en attraper une et d'examiner sa faisabilité. L'idée grandit en significations et en possibilités d'incarnations. Je n'existe que pour ces instants. La vraie vie, c'est ça. La seule raison pour laquelle je subis tout le reste. J'exulte. Le sang bouillonne dans mes tempes. Tout prend sens.

Nous savourons chaque détail, faisons des plans, anticipons. Nous recherchons un lieu, des gens, du matériel. Nous multiplions allers-retours et tours de guet. L'idée prend corps sous nos yeux. À ce moment, plusieurs candidats se présentent pour prendre part à l'action, mais tous finissent par s'évaporer. Comme toujours, nous nous retrouvons à deux. Nous avons l'habitude. Nous connaissons la frilosité des gens.

Il est à nouveau presque comme avant. Nos brouilles passent au second plan. Avant toute chose, il y a l'idée, celle au nom de laquelle nous partageons tous les deux un espace. Je reprends ma place, celle du bras droit, de la sœur d'armes, de l'amie de galère. Rien d'autre n'existe, nos cœurs battent à l'unisson.

Nous nous endormons et nous réveillons joyeux : bientôt, la réalité jaillira intensifiée. Notre vie s'engagera dans un nouveau tournant.

Action « Éclairage »

C'est décidé. L'action se fera à la Banque de France, à Bastille. Nous restons longtemps postés devant et observons l'entrée. L'élaboration demande du temps. Dès le départ, nous avions pensé au feu comme mode d'action. En fin de compte, la symétrie des deux façades de la banque décide à notre place.

Il mettra le feu à la vitre à gauche de l'entrée. Je mettrai le feu à celle de droite. Les deux vitres doivent brûler de façon synchrone. C'est pour ça qu'il a besoin de moi. Pour la photo, il sera debout devant la porte, une vitre en feu de chaque côté derrière lui. C'est décidé.

Deux semaines de calme avant l'action. Nous discutons beaucoup, à nouveau, mon avis compte. C'est comme si j'avais été tirée à la surface, hors de ma caverne de soumission. Les rituels nocturnes de la voie de la dictature s'interrompent momentanément. Le soir, je m'endors en paix, sans craindre ses pas dans l'obscurité. Il ne me touche plus. Comme il me l'avait promis, il me laisse tranquille. Au prix de derniers efforts, je refoule le passé récent au plus profond de moi.

Nous enchaînons les entraînements dans la chambre au sol noir.

Arriver, frapper, allumer, arroser, courir. Mon but est de le faire en vingt secondes.

J'ai décidé de ne pas céder à ma guerre intérieure.

Avec une détermination de fer, je me suis interdit de réfléchir. J'ai dit non. Pas une pensée, sinon je m'assècherai et me consumerai comme une feuille morte. Je n'ai plus de force, je suis anéantie moralement.

Je m'imprègne de chaque seconde comme si c'était la dernière.

Longtemps, pour les actions précédentes, je l'ai regardé se préparer. Je me demandais comment il arrivait à supporter cette tension. Maintenant, c'est à moi.

Mon corps déborde d'énergie. Je suis prête à décoller. Chaque instant revêt un sens immense. Le temps n'existe plus. Seule l'action à venir existe. Et le fait de m'en approcher. Un point dans l'espace vers lequel tout mon corps est tendu.

« Si tu penses depuis le point de vue de l'homme du commun, alors bien sûr, c'est foutu. Détourne-toi de l'homme du commun. Ceux qui braquent des banques par exemple, c'est un autre état d'esprit. C'est comme ça qu'il faut réfléchir. »

Ces phrases m'apaisent et m'aident à accéder au bon état mental.

Pendant qu'il se prépare, l'esprit bloque la conscience de l'action à venir. Il laisse entrer les informations et les sensations au compte-gouttes, pour ne pas être assommé par le choc de la nouveauté. Les émotions sont fortes. Surtout au début, quand on vient de s'autoriser la pensée que l'action est possible. La première vague est la plus violente, ensuite la tension diminue.

Plus le moment approche, plus je suis concentrée. Je deviens une machine. Je capte tout, traque le moindre signe.

Les émotions passent au second plan. De la mécanique pure et simple. Je pense à la façon dont les terroristes se préparent. Progressivement. Le cerveau s'habitue à tout.

*

La nuit de l'action. Cinquante-cinq minutes de marche. Nous sortons à 2 h 30. Nous portons des sacs encombrants. Dedans, bidons et barres de fer enveloppées dans des serpillières. Je porte une perruque de longs cheveux noirs et un gros manteau. J'ai chaud. La sueur ruisselle sur mon corps. Tout colle. Les vêtements que j'ai empruntés limitent mes mouvements.

Il faut y aller. Ce n'est que le début. Nous descendons la rue de Belleville déserte. M'approcher, allumer, partir. Cette cadence rythme mes pensées. Je vais mettre le feu à une banque, simplement m'approcher et mettre le feu à la vitrine. Comme ça, au milieu de la nuit, m'approcher et mettre le feu.

M'approcher, placer le bidon à côté de ma jambe gauche, donner quelques coups de barre de fer, jeter la barre, arroser la vitre, coincer le bidon entre ses barreaux, sortir le briquet de ma poche de ma main droite, allumer, m'éloigner dans la ruelle à droite, m'approcher, enlever le sac de l'épaule, frapper avec la barre de fer, cinq coups, jeter la barre, arroser, coincer, allumer, partir sur la droite. Les images tournent comme sur une platine, se répètent en boucle, des milliers de fois, à chaque pas.

La sueur est insupportable. J'enlève le manteau et l'abandonne sur un banc. Nous continuons à marcher.

Nous nous approchons. Ma poitrine est comprimée, mon torse tendu. Piotr fait de la peine à voir. Des convulsions tordent son visage. Il ne voit et n'entend plus rien autour. Deux types passent tout près de la banque. Je dis qu'il faut attendre qu'ils se soient éloignés. Aucune réaction de sa part. Les types s'en vont, tout se déroule comme dans un film au ralenti. Silence assourdissant, lumière orange, plus que quelques pas jusqu'à la vitrine. Je prends mes marques, tout se passe comme prévu. Sac, bidon à gauche, coup de barre de fer. Le verre NE CÈDE PAS, c'est du verre incassable, je crie à Piotr que le verre ne cède pas. Pas de réponse. Je continue en mode automatique, un pas après l'autre. J'allume, je m'éloigne à droite. Je pars en courant, une voix assourdie me parvient, comme si on me parlait sous l'eau. Je me retourne, un policier m'attrape le bras. Une poigne de fer. Il me met les menottes, dit quelque chose, m'emmène. Je suis dans la voiture. Le silence est brutal.

Pendant ce temps, plusieurs personnes clouent Piotr au sol. La place est encerclée, 20 camions de police. Tétanisée, je vois les gyrophares défiler devant mes yeux. Tout m'indiffère.

La garde à vue

Poste de police derrière Bastille. Assise sur un banc, mains menottées derrière le dos. Toujours la perruque sur la tête. Plusieurs policiers me dévisagent. Je me sens ridicule. J'aimerais libérer mes mains. Et arracher cette putain de perruque. Piotr est sur le banc d'en face. L'air fier et content, il ne me gratifie pas d'un regard. Tout s'est déroulé à la perfection. Les vitrines en feu, la photographie, l'arrestation. Après l'action « Menace », dans les sous-sols de la Loubianka, il devait arborer le même air satisfait. Une fois l'action réalisée, la tension retombe. Effluves de tranquillité. Plus la peine de courir, de faire quoi que ce soit. C'est fini.

J'angoisse. Pour moi, c'est la première fois. Je lui pose un million de questions pour rappeler ma présence. Il répond de façon distante, avec un surplomb écrasant. Ils cherchent des traces d'explosifs, passent nos mains à la loupe. J'avais mis des gants pour allumer ma façade. Pas lui.

Puis la fouille. Deux femmes de la police me conduisent dans une petite pièce. Elles me demandent d'ôter mes vêtements. Des billets sont cachés dans mon soutien-gorge, ainsi qu'une petite amulette tibétaine, pour me porter chance. La découverte de mes trésors les anime visiblement. Elles me confisquent le soutien-gorge. Celle-là, je ne m'y attendais pas. Il paraît qu'on peut se pendre avec.

La garde à vue commence. J'ai une cellule pour moi toute seule. Le jour se lève déjà, mais je pense à tout sauf à dormir. Je m'allonge sur le lit encastré dans la cellule, sur le matelas feuilleté. Mes yeux mesurent la distance qui me sépare du plafond. Clouée au lit, la fatigue me surprend. Elle me roule dessus. Mes yeux collent, je sombre dans le sommeil.

Piotr me réveille en criant à travers la paroi. Apparemment, c'est un mode de communication autorisé. « Dis à l'inspecteur que c'était un hommage à Jacques Mesrine, me lance-t-il. Comme il braquait des banques et changeait souvent son apparence, on l'appelait l'homme aux mille visages. » L'idée me flatte. Je réplique que je dirai ça à l'inspecteur.

Plus tard, on nous transfère vers un autre poste, dans le 19e. En comparaison, le premier était un hôtel cinq étoiles. La cellule est étroite, un mètre sur un demi-mètre. Une seule toilette pour tout le monde. Il faut demander l'autorisation pour y aller. Je suis la seule femme. Les autres cellules sont un peu plus grandes. Ils sont plusieurs dedans, dont Piotr. Nous continuons à parler à travers la cloison. Une migraine atroce se répand dans mon crâne. J'ai soif. Il n'y a pas d'eau. Il faut demander mais après j'aurai envie d'aller aux toilettes et ça repartira pour un tour. Donc, mieux vaut attendre. On me demande si j'ai besoin d'un médecin. Je réponds : oui, j'ai vraiment besoin d'un médecin. J'ai très mal à la tête mais ne peux m'empêcher de m'endormir. Recroquevillée sur un petit banc en bois inconfortable, je suis terrassée par le sommeil. Les heures passent. Le médecin arrive. Je dis que je souffre de maux de tête. Il me donne du Doliprane. Ça n'aide pas. Je demande de l'ibuprofène. Il part en chercher. Trois heures plus tard, il revient l'air triomphant, deux cachetons de 200 milligrammes dans la main. C'est une dose ridicule. La migraine a déjà envahi tout le côté gauche de ma tête, nuque et clavicule comprises. Mais même ce rien me soulage.

On prélève mes empreintes, me photographie de face et de profil. Sommeil. Toilettes. Sommeil. Repas. Sommeil. L'avocate me rend visite. Elle m'apporte un petit bout du monde loin duquel on me retient. Elle est venue en métro. Seule, de sa propre initiative. Sans demander l'autorisation à personne.

Je parle et comprends très mal le français. Nous parlons anglais. Elle me rassure comme elle peut, me dit de tenir et que tout ira bien. Je n'ai pas d'autre choix.

Je retourne dans ma cellule. On m'a apporté un matelas pour la nuit. Je l'installe sur le sol, me couvre d'une couverture qui gratte et sombre dans la félicité du sommeil. J'ai l'impression de n'avoir jamais autant dormi que ce jour-là.

Un moment suspendu, auquel on m'arrache dès les premières heures du jour. C'est mon troisième jour de garde à vue. Je n'ai aucun repère. Rien n'est prévu côté hygiène. L'odeur de mon corps me dégoûte.

Interrogatoire.

Un interprète. Un avocat. L'inspecteur. Je refuse de répondre à toutes les questions. Il les barre de sa liste, l'une après l'autre, méthodiquement. Je l'observe. Visage rond, traits orientaux, beaux yeux, physique agréable. Je le sens sous tension. Une détermination d'acier luit dans son regard. Son job consiste à mettre ceux comme moi derrière les barreaux. Nous n'avons rien à nous dire. Nous ne sommes pas du même côté de la barricade.

Les flics non plus n'ont pas dormi de la nuit. Ils ont bien travaillé. Ils savent pratiquement tout sur nous. Je ne me serais pas attendue à tant de zèle de la part de la police. L'interprète est si épuisé qu'il tient à peine debout. Il enchaîne les contresens. Les questions touchent à leur fin.

Retour dans la cellule.

Sommeil. Déjeuner. Riz aux légumes. Sommeil.

Quelques inspecteurs arrivent. Je suis transférée à la Conciergerie, sur l'île de la Cité.

Ça veut dire que je serai jugée. L'interprète dit qu'ils iront jusqu'au bout. La prison, donc. Tout m'indiffère.

Nous sortons dans la rue. Après plusieurs jours de puanteur et de crasse, je sens un petit vent sur ma nuque... Ma poitrine se serre à l'idée que je ne respirerai plus d'air frais de sitôt. Je jette des regards aux alentours. C'est mon quartier. Le 19e. Mes filles sont en lieu sûr, pas loin d'ici. Il faut que je tienne. Un jour, tout cela s'arrêtera et je retrouverai ma vie d'avant. Je serai libre.

Cité. Longue attente au dépôt de la préfecture de police. Je me retrouve dans une cellule propre et lumineuse. Une sorte de cellule monacale. Un luxe, comparée à la dernière. Ma tête est toujours au bord de l'explosion. Et rebelote : médecin, ibuprofène, soulagement fugace, repos.

La garde à vue

Le jugement a lieu le matin. Une petite salle d'audience. Le juge, l'avocat, l'interprète, le rapporteur et moi. Une grimace de pervers tord le visage du juge. Un cou rouge et des petits yeux huileux. Un air vilain. Je n'ai aucun doute sur le fait que je dormirai en prison ce soir. Le verdict tombe : détention provisoire à Fleury-Mérogis. Une peine de quatre mois pouvant être prolongée en fonction de la décision du juge.

Fleury-Mérogis

Cinq surveillantes m'accueillent. Je suis sur le qui-vive. J'attends le sale coup. Le moment où elles vont me tabasser. Je sais comment on se fait recevoir dans les prisons russes. Mais ici, tout le monde est d'une politesse suspecte.

Fouille, douche, remplissage de paperasse. La porte claque derrière moi. Je suis en cellule. Trois heures du matin. La prison dort. La cellule est calme. Et surtout, je suis seule. Une télé est accrochée au mur. Je l'allume, fais mon lit et me couche. Sans la moindre idée de ce dont demain sera fait.

Le cauchemar des derniers jours est fini. J'ai tenu ma promesse.

Des éclats de voix bruyants me réveillent. Une langue que je ne connais pas. Des femmes assises sur la pelouse crient pour se faire entendre par quelqu'un de mon bloc. Le soleil inonde la cour de promenade.

Cellule. Toute la journée. Du matin au soir. Mon corps a besoin de mouvement. Je le retiens. Je reste assise des heures sans rien faire, refoulant le désir de défoncer la porte. Parfois, une brève sortie pour voir un médecin ou signer des papiers.

Je n'existe pas. J'ai envie d'escalader les murs.
Je ne comprends rien. J'ai tout le temps froid, j'ai tout le temps faim.

*

Jour et nuit, les sanglots. Les filles, mes douces petites filles. Mon cœur se fend. Tristesse et amertume.

De l'autre côté de la fenêtre, le ciel, un essaim d'oiseaux et les sentiers usés de la cour de promenade. Dans mon dos, des murs bleu clair miteux, un lit superposé, un rideau déchiré sépare les toilettes du reste. Quatre pas jusqu'à la porte, quatre pas pour revenir à la fenêtre.

Après d'innombrables allers-retours, je m'arrête. D'un coup. Stop. Je ne peux plus me fuir.

Je me tourne vers moi. Je me regarde. J'ouvre la bouche et commence à parler à voix haute. Questions sincères, réponses honnêtes.

Les jours filent à toute vitesse. Je m'épanche et ris en ma propre compagnie. Quand je suis triste, je me soutiens, m'écoute, me comprends. Je ne me sépare pas de la personne que je suis, pas un seul jour. En moi, je trouve une amie, une âme sœur qui a survécu aux mêmes affres que moi.

Après des années de silence, où je cachais la vérité à tous, je me fais confiance. Je me sauve. La prison devient pour moi une libération.

Parloir avec les enfants

Je suis dans ma cellule. Début de journée prévisible et sans intérêt. Le matin, on nous amène de l'eau chaude. Je ne peux pas faire chauffer d'eau dans ma cellule. Pourtant, j'ai acheté une bouilloire dès mon arrivée. Mais je n'avais pas le bon adaptateur. Impossible d'en trouver un dans la petite épicerie de la prison, il a fallu le commander sur une liste spéciale. J'ai commandé. Il n'est toujours pas arrivé. Je me prépare deux immenses bols de café au lait. François m'a fait passer du vrai café en grains. Grâce aux fêtes de Noël, nous avons eu le droit de nous faire offrir des produits alimentaires.

J'ai mis du temps à faire ma liste. Nous avions droit à deux kilos.

J'ai commandé :

– des Raffaello

– du lait déshydraté, j'en suis devenue folle derrière les barreaux, je le mange en dessert le soir après le dîner

– du cacao

– du café

– des noix

– du chocolat au lait

Le paquet convoité est arrivé juste avant le Nouvel An.

Je bois mon café. J'allume les infos. La journée commence maintenant. Toilette matinale, nettoyage de la cellule. À 9 heures, ils apportent de la baguette. D'habitude, je la donne aux oiseaux sur le rebord de ma fenêtre.

Les activités de la journée s'arrêtent là. Une étendue de temps vide s'étale devant moi. D'habitude, je m'installe pour apprendre le français. Je fais des exercices, lis Jacques Mesrine, le traduis pour apprendre de nouveaux mots. S'il y a une promenade le matin, j'y vais. Je prends des notes dans mon carnet, fais sortir la rage qui bouillonne en moi.

Déjeuner à midi. Comme d'habitude.

Et là, juste après le déjeuner, on m'apporte une enveloppe. Je l'ouvre et découvre un permis de visite. Convocation au parloir. Mon cœur précipite sa cadence. Enfin, elles ont reçu l'autorisation ! Un mois que j'attendais. Aujourd'hui, je vais voir mes filles ! J'ai du mal à croire en mon bonheur. C'est réel, je pourrai les prendre dans mes bras dans l'heure qui suit.

On m'appelle. Je sors de cellule. Fouille intégrale. On reluque mes poches, vérifie si j'ai bien ma carte en plastique. Ma carte d'identité de taularde. Avec ma photo, mon numéro de détenue et mon numéro de cellule. J'avance dans le couloir, jusqu'à la prochaine grille.

La prison de Fleury-Mérogis est construite sur un modèle panoptique. Comme un noyau solaire entouré de rayons. Au centre, la tour de contrôle, le poste de surveillance dont émanent les couloirs partant dans différentes directions. Une multiplicité de faisceaux qui composent la prison.

Nous devons attendre que tout le monde soit là. Nous attendons les autres détenues de mon aile qui se rendent au parloir. Les voilà.

On nous ouvre la grille. En file indienne, nous avançons en direction du poste de surveillance. Nous présentons nos cartes et descendons pour changer de bloc. Nous attendons les détenues des autres faisceaux. Une demi-heure passe. Les voilà.

Nous traversons le couloir le plus long, celui menant au bloc principal. Nous arrivons à la grille suivante, patientons encore vingt minutes. Aucune idée de ce que nous attendons. On nous ouvre.

Toujours en file indienne, nous passons vers le poste principal, présentons nos cartes et empruntons l'escalier pour nous rendre au premier étage.

Une fois de plus, nous montrons nos cartes et passons dans un couloir menant au bâtiment des parloirs. Une fois de plus, nous attendons vingt minutes qu'on nous ouvre la grille. De là, nous nous engouffrons dans un long couloir étroit. C'est la dernière étape, le lieu où convergent toutes les détenues en chemin vers le parloir. Celles qui sont en détention provisoire y rencontrent celles qui ont déjà été condamnées. Nous nous tenons entre des rangées de portes fermées. Quelques fenêtres scellées donnent sur la cour de la prison. J'aperçois une vaste portion de ciel, quelques buissons, les chats du coin rôdent, arpentent leur territoire. L'œil s'amarre à chaque détail, la moindre nouveauté, fût-elle infime, capte son attention. Faute d'action, le tableau se délave. L'arrêt sur image se brouille, les contours s'estompent.

Il fait chaud, on étouffe. Poissons dans un bocal. Je commence à me sentir mal, m'accroupis comme pour faire des squats.

Raffut, tohu-bohu. Les détenues discutent, partagent anecdotes et scènes de vie, bribes de destinées. On s'écoute, se soutient, se réconforte. Nous y passons encore une heure. Enfin, les surveillantes commencent à épeler des noms de famille. Terminus.

Encore un couloir. Des portes en enfilade donnent sur de petites pièces destinées aux retrouvailles familiales. À l'intérieur, une table en béton et des chaises en plastique. On a le droit de se toucher. On a le droit de prendre ses enfants dans ses bras, les serrer contre soi, les embrasser. J'entrouvre la porte bénie.

Les filles !

Elles sont là, avec François.

Elles ont grandi, ça fait tellement longtemps que je ne les ai pas vues. Si belles, si fraîches ! Nous nous enlaçons. Les émotions me submergent. Je ne peux retenir mes larmes. Le manque que je ressentais pour elles est impossible à décrire.

Elles ont tellement de choses à me raconter ! Elles me parlent de l'école, se coupent la parole. Je me sens si chanceuse d'entendre leurs histoires, leurs petites voix animées. À leurs côtés, François écoute sans intervenir. Ce que je suis en train de vivre, il ne l'imagine que trop bien. Il a lui-même deux enfants. En plus des miennes qui logent chez lui en ce moment.

J'oublie où je me trouve, oublie que j'étais prête à grimper sur les murs avant qu'elles n'arrivent. Je suis dans le moment présent et profite de chaque millième de seconde. Mes filles, elles sont ce que j'ai de plus cher ! Si petites et confiantes, les yeux grands ouverts. Elles sont tellement impatientes de découvrir le monde que je voudrais les mettre à l'abri de ses tourments. Leur offrir tout le bonheur et l'amour imaginable.

Le temps du parloir est vite écoulé. Elles se blottissent dans mes bras à tour de rôle. Déjà, le surveillant jette des regards dans la pièce. Plus que cinq minutes, prévient-il. On va me les reprendre. Mes petites boules d'amour.

Mes entrailles se resserrent. Au revoir, mes tendres petites. Je dois sortir en premier. Elles seront ensuite raccompagnées vers l'extérieur.

Je fais comme je peux, embrasse leurs joues chéries une dernière fois, les blottis contre moi. Et m'arrache d'elles, sors, me jette de force dans une forteresse de solitude glaciale.

Je me glisse dans mon armure. Mon visage devient à nouveau impénétrable.

Chacun pour soi

Le bloc des hommes est juste à côté. Tous les jours, je lui écris des lettres. J'attends sa réponse. L'avocate me dit seulement qu'il me passe le bonjour. C'est tout.

Quelques jours plus tard, elle me transmet un message : « À toi de décider ce que tu vas faire, choisis ta ligne de défense. À partir de maintenant, c'est chacun pour soi. »

Je suis atterrée. C'est ainsi qu'il me remercie. Quelle trahison ! Je me sens rejetée et infiniment blessée. Moi qui pensais que nous combattrions le système ensemble. Que nous ferions front, que nous serions un seul et même corps. En réalité, je suis totalement isolée. Celui que j'ai toujours soutenu poursuit son chemin seul, par habitude. Il est sur son terrain de jeu et je n'y ai pas ma place. Tant pis pour moi si je n'ai pas réussi à m'enfuir. Cette tournure des événements l'a pris de court. Il ne pourra plus prétendre qu'il a réalisé l'action absolument seul. Il sera obligé d'évoquer ma présence.

Je décide de me faire disparaître de cette histoire. Pour avoir droit à une sortie anticipée, il faut indiquer une adresse et un lieu de travail officiel. Je n'ai jamais eu de travail. Un ami me trouve une adresse. Me loue un appartement. J'accepte la sortie anticipée. Piotr refuse. Selon lui, ce serait jouer selon leurs règles. Moi je m'en fiche. Je veux prendre mes filles dans mes bras. Et oublier ce sacrifice inutile.

En prison, après le dîner, chacune vaque à ses occupations. Une agitation inhabituelle me parvient depuis le couloir. On m'observe depuis le judas de ma cellule. Mon cœur fait un bond. Le procès a eu lieu ce matin. Je n'y étais pas, seulement l'avocate et le juge.

– Shalygina ?

Mon cœur rebondit jusque dans la gorge.

– Oui ?

– Tu sors ! Fais ton sac ! Tu as un quart d'heure.

Ma voisine de cellule et moi, nous crions de joie, sautons en l'air et nous tombons dans les bras. Fébrile, je prépare mes affaires. Mon corps entier est radieux. Je suis euphorique. Comme une longue expiration après avoir longtemps retenu ma respiration.

Je suis libre ! Tel un banc de petits poissons, des pensées minuscules fusent dans mon esprit, recouvrant la grandeur de l'instant. Cinq heures plus tard, je sors de prison, un grand sac en toile à carreaux bleus à la main. Trois gars sont libérés en même temps que moi. L'un d'entre eux est ukrainien. Nous parlons russe. Nous n'avons aucune idée d'où nous nous trouvons. Comment quitter les lieux ? Où aller ? J'allume mon téléphone. J'appelle un ami. Personne n'était au courant de ma libération. Il m'appelle un Uber.

J'ai été libérée le 5 janvier 2018.

J'ai passé 81 jours en prison.

Carnets de notes, Fleury-Mérogis

12.12.2017

Je souffre du sentiment d'être absolument seule. Piotr m'a complètement laissée tomber. Je le sens. Il ne me transmet jamais rien, ne pose aucune question sur moi. Peut-être qu'il a décidé d'agir ainsi car il pensait que maintenant, j'allais m'enfoncer toute seule. Puisque je suis bête.

22.12.2017

La prison :

Isolement du monde extérieur.

Inactivité forcée.

Obligation de demeurer dans un espace étroit, étriqué.

Impossibilité radicale de déterminer tes déplacements dans l'espace.

Limitation de tes gestes.

Interactions forcées avec les laquais du système, les matons, les policiers.

Absence de vrais échanges humains.

Réduction forcée de l'humain à la vie nue, aux rituels physiologiques quotidiens.

La prison est impitoyable et sourde à la souffrance. Si tu t'autorises à y souffrir, tu deviens folle.

En prison, tout le monde essaie de rester de bonne humeur. On fait des blagues, on rigole beaucoup. Les détenues sont très attentives aux souffrances d'autrui. Tu trouves toujours une oreille pour t'écouter, pour te réconforter.

En prison, tu es privée de ton rôle. Et si en dehors de ce rôle, par exemple le rôle de mère, tu n'avais plus rien, tu sombres dans un vide insurmontable. C'est pour ça qu'il est indispensable que tu te souviennes de qui tu es. Que faire de toi.

Un océan de temps libre, et rien à faire.

Les distractions de la journée : la promenade, le déjeuner, le dîner.

L'avantage de la prison : tu peux te comprendre, t'étudier, te parler. Tu es livrée à toi-même, tu n'as personne d'autre. En face à face avec toi-même, tu dois faire attention à ce dont la vie sociale et l'agitation constante t'ont toujours détournée.

En prison, une personne révèle ses vraies qualités. La situation est dure, les masques tombent tout de suite. On sait qui est une bonne personne, qui est une ordure. Qui ne pense qu'à soi, qui est altruiste. Qui est renfermé sur soi, qui est ouvert aux autres.

La France est un pays ultra-bureaucratique, la prison n'y fait pas exception. De la paperasse du matin au soir. Les mots ne veulent rien dire, seulement les papiers. Les demandes les plus simples, où s'exprime un besoin ou un désir personnel, peuvent prendre des mois. Par exemple, commander du produit pour les lentilles de contact. Je l'attends toujours.

Limitation permanente de ton espace des possibles. Mise en scène démonstrative de ces limites. Les salles d'attente où les détenues patientent entre deux démarches doivent impérativement être isolées du reste du bâtiment, impérativement être fermées de l'extérieur.

Mise en scène permanente du manque de confiance qu'on te voue.

Tu ne peux pas sortir, tu attends qu'on t'appelle. De fait, tu ne vois jamais le monde réel. On te déplace d'une salle d'attente à une autre, te mène au tribunal dans une cage en fer sans fenêtre, les sirènes hurlent derrière toi. Où que tu sois, on te comprime, t'écrase et te soustrait aux regards.

Tu restes engluée. Collée au banc, tu purges ta peine. La télé presque vissée au plafond, sacralisation évidente des mensonges quotidiens des médias de masse. Politesse agressive des surveillants.

02.01.2018

Filles aux voix stridentes, dont les rires se dissolvent dans les couloirs vides de la prison. Oiseaux qui chantent en cage.

À l'instant, la fille de la cellule voisine chantait, accompagnant le son de la radio. Une voix vibrante, par-delà l'étrangloir de la prison. Une minute, j'ai cru être en liberté, où on a le droit de chanter juste parce qu'on est de bonne humeur. Tous les jours, énergie oppressante, manque de mouvement, à l'âge où se déplacer toute la journée ne fatigue pas encore. Je rêve de mouvement.

La punition, c'est ça. Comme un enfant qu'on force à rester assis, qu'on condamne à l'inactivité. Le corps tiraillé par le désir de vivre, tu as un tel surcroît d'énergie que tu pourrais décoller du sol lors de tes allers-retours dans le périmètre de ta cellule, du point A au point B. En prison, tu apprends à réprimer cette énergie car les possibilités de te mouvoir sont inexistantes. On te transforme en statue. En pierre. Te campe dans le vide.

Comme si on te disait : tu restes assise et tu réfléchis à ton comportement. Tu es seule et tout le monde s'en fout.

Étonnamment, c'est exactement ainsi que l'on punit les enfants. On les isole, on les laisse seuls et immobiles.

<u>04.01.2018</u>
Mes rêves :
Me respecter.
Être toujours mince.
Rester avec Piotr pour toujours.
Devenir une femme classe et sérieuse.
Être à la hauteur de Piotr.
Être déterminée et courageuse.
Me respecter.

Parloir - Fleury-Mérogis

La même prison. Bloc des hommes. L'accueil où on nous a amenés en octobre. Je me souviens de tout. La sensation d'être prise au piège. Les visages des matons. À l'intérieur, tout est différent. On ne peut l'imaginer sans l'avoir vécu. Être convoyée ici, escortée jusqu'à sa cellule puis y demeurer jour et nuit, sans relâche. Nulle part ailleurs on ne se sent ainsi. Animal en cage.

Maintenant je suis de l'autre côté. Je me range dans la queue devant l'entrée. Mes papiers d'identité sont épuisés. Seule une vieille feuille chiffonnée et pleine de trous atteste de mon statut de réfugiée. Coup de chance, on me laisse entrer avec. Détecteur de métal. Femmes avec enfants, pères, mères, regards tristes, rires sonores de lèvres très maquillées. Comme dans toutes les prisons du monde. Un mélange subtil de désespoir et d'optimisme. Quelques étapes administratives. Et je me retrouve dans l'immense salle d'attente donnant sur une flopée de sorties interdites.

Il est à l'isolement. C'est un corridor à part.

On nous appelle.

Long couloir, une entrée de chaque côté pour les parloirs. J'entre du côté de la liberté, lui de la prison. Une chambrette suspendue entre deux mondes. Une table et deux chaises noires en plastique. Rien d'autre. Murs gribouillés, tagués de saluts aux détenus, dates de sortie, bons vœux.

Mon cœur bat la chamade. Je fixe le hublot dans la porte. J'attends encore et encore. Il n'arrive toujours pas.

Enfin, j'entends retentir sa voix. On le fait entrer. Lui enlève ses menottes. Grand sourire sur le visage, il pénètre dans la petite pièce.

– Eh bien salut !

Il me serre fort dans ses bras.

La première fois depuis des mois.

Nous parlons frénétiquement, abordons tout ce qui s'est passé pendant nos semaines de séparation. Nous n'avons que quarante-cinq minutes.

– Comme je l'avais promis, mes dispositions envers toi ont changé. Maintenant, je te respecte. Mais je ne te baiserai plus jamais.

Un rideau noir tombe devant mes yeux.

Solitude

La solitude m'assaille sans prévenir, je réalise que je suis dans le vide, un vide que je cherche à percer à tout prix. Créer un lien avec n'importe qui, pourvu que ça s'arrête au plus vite.

Je sors dans la rue fébrilement, les bruits m'accablent, je vois des gens courir à côté de moi. Chacun est dans son monde, parallèle aux autres.

J'entre dans un café. Je passe ma commande auprès du serveur, un contact humain, trop bref. Je m'assois à une table, prends une gorgée de café brûlant, ne pas trahir mon désir de sauter dans les bras du premier venu me demande des efforts immenses. Ma main tremble. J'avale mon verre d'eau d'une traite, le chaud et le froid se mélangent dans ma gorge.

Le silence est strident. Sa clameur s'amplifie. Les gens assis autour de moi semblent sûrs d'eux, stables. Aucun d'eux ne semble aussi désespérément seul que moi.

Le sentiment d'isolement s'accroît, j'ai envie de crier, de tout faire pour rompre cette aliénation totalitaire. L'intérieur serré et comprimé, comme si quelqu'un tentait de m'effacer de ce monde, de m'exterminer, de se débarrasser de moi. La tête tombe sur mes épaules rentrées ; les bras sans force, figés par une convulsion nerveuse.

Le café et la réalité s'éloignent à une vitesse effrayante. Je suis rejetée en arrière, me transforme en petit point qui pulse et envoie des appels au secours. La douleur que je ressens : celle de ma présence au monde.

Les bruits acérés, les voix perçantes, les rayons lumineux tranchants, la rue assourdissante. Tout devient sordide. Tout semble dirigé contre moi. Un kaléidoscope agressif de sons, d'images et d'odeurs abruptes.

J'aperçois les yeux bienveillants d'un homme qui sirote son café. Le voilà. Je m'abreuve de son regard, m'agrippe à lui de toutes mes forces, comme à un dernier espoir. Je le dévisage, passe en revue son corps, ses mains sur la table, ses doigts jouant avec la molette de son briquet. Il est juste assis là, sans rien faire de particulier. Il boit son café, regarde les passants. Son simple aspect ressuscite quelque chose en moi. À cet instant, je nous sens infiniment proches. Des effluves de tranquillité et de chaleur s'exhalent de lui. Le savoir près de moi, l'assurance de son existence m'arrache à mes abysses. Je le regarde sans ciller. Peu à peu, les choses reprennent leur aspect coutumier. La vie continue.

Je décolle le regard de mon « sauveur ». Je suis assise à une petite table. Je finis de boire mon café refroidi et rentre à la maison.

Le pire, c'est de sentir la solitude m'envahir les week-ends. Quand je réalise que plusieurs jours emplis de vide m'attendent, qu'il ne se passera rien. Pas de rendez-vous prévus, tout le monde est occupé. L'esprit se met fébrilement en quête d'une activité, d'un os à ronger pour ne pas sentir ce vide l'aspirer. L'angoisse déferle par vagues. Certaines me recouvrent la tête. C'est insupportable. Il ne se passe rien. J'attrape un livre, mais les lignes s'effilochent devant mes yeux. Je tente de regarder un film, tout semble fausseté et hypocrisie. La musique m'énerve. Je me jette à travers la pièce, tremble, fume. La tension me fait arracher les rideaux. Je reste en corps-à-corps avec la peur.

Le corps me glisse la seule décision possible, me couper de la lumière. En plongeant dans la pénombre, je m'apaise, reviens enfin à moi. Je sors de ma gangue de noirceur. Après avoir survécu à cet épisode dissociatif, je me berce, me rassure. Me dis que mon existence est nécessaire. Nous redevenons une. Clarté paisible. Je me sens comme un nourrisson sans défense bercé par sa mère aimante.

Oksana Chatchko

Un matin de grisaille parisienne. Chaleur d'un été embryonnaire. J'organise une action pour la libération de Piotr sur la place Vendôme. Là où Gustave Courbet et ses camarades de la Commune de Paris avaient déboulonné la colonne éponyme, au prix de leur liberté. Un rassemblement pacifique à côté du ministère de la Justice et des Libertés. Des artistes, des photographes, des activistes. Les participants arrivent peu à peu, font connaissance, discutent. Bohème parisienne. La bonne humeur règne.

Chaque manifestant tient dans ses mains une grande photographie de l'action « Éclairage », montrant Piotr devant la vitrine en flammes de la Banque de France. Dessus, un slogan : « Artiste en prison. France tombeau de la culture. »

Tout d'un coup, je l'aperçois. Le regard grave. Des yeux pareils, on en voit rarement. Oksana Chatchko. Elle est venue. Assise seule sur les marches. Le regard perdu dans le lointain. Comme une statue. Glaciale. Je n'arrive pas à m'approcher. Ces yeux me terrifient.

Sans dire un mot, elle prend une affiche et fait ce qu'il y a à faire. Soutient son compagnon d'armes.

Avant ça, je n'avais jamais vu Oksana personnellement. Dans le chaos de notre arrivée à Paris, nous n'avons pas eu le temps de lier connaissance. Nous avions prévu de le faire. Elle échangeait des mails avec Piotr. Jamais nous n'avons réussi à prendre un café. Elle disparaissait souvent des radars, silence radio. Resurgissait quelque temps plus tard. D'après des amis communs, elle était comme ça. C'était sa façon d'être avec les autres.

Je me suis dit, la prochaine fois, il faut absolument qu'on prenne le temps de se voir.

*

23 juillet 2018, Sud de la France

La radio bourdonne sans que j'y prête attention. Tout d'un coup, j'entends : « Oksana Chatchko, activiste des Femen, a été retrouvée pendue dans son studio parisien. »

Autour de moi, tout s'arrête. La chaleur étouffante de la journée se referme sur moi.

Et voilà ? C'est tout ?

J'ai vu son regard gris et humide, il y a si peu de temps. Elle n'est plus. Ses yeux se sont clos pour toujours.

J'aurais pu aller la voir l'autre fois, lui parler. Pourquoi ne l'ai-je pas fait ? Peut-être qu'aujourd'hui, elle serait encore vivante.

Des larmes envahissent mes yeux. Elles sont chaudes et amères.

Je ne la connaissais pas du tout. Pourquoi est-ce que cela me touche autant ? J'ai mal, physiquement mal, comme si je venais de perdre une amie proche.

Oksana.

La mort l'a libérée de la souffrance qui l'empêchait de vivre. Combien de fois ai-je eu envie de disparaître de la sorte ? Elle n'avait pas le choix. C'était sa seule porte de sortie. Personne n'est responsable de sa mort. Elle était trop sensible pour ce monde. Une créature fragile et sublime. Oksana. Je sens sa douleur au plus près de moi, comme si c'était la mienne.

Quant à Piotr, lorsqu'il apprendra son décès, il n'aura qu'une seule phrase, méprisante et détestable : « Avec ça, elle a gagné mon respect ! »

Sortie de prison

Procès pour sa libération conditionnelle. Un de plus. J'ai arrêté de les compter. Avocat, juge, procureur. Chacun dans son rôle. Mêmes questions. Mêmes réponses. Je bâille. Attends tranquillement la fin.

Le juge emprunte une voie surprenante. Il libère Piotr, à la seule condition qu'il se soumette aux mesures de suivi judiciaire. Interdiction de se montrer dans les 11ᵉ et 4ᵉ arrondissements de Paris. Interdiction de quitter le pays avant que la sentence définitive ne soit délivrée.

En moi, une bombe explose.

Quoi ? Il sort maintenant ? Je ne suis pas prête !

La première chose à laquelle je pense est de courir chez moi. Vite. Je dois relire et supprimer tous mes échanges de mails, faire disparaître les traces de ma vie sans lui, les erreurs que j'ai pu commettre. S'il découvre quelque chose qui ne lui plaît pas, j'ai peur qu'il reprenne la voie de la dictature.

À chaque pensée, une nouvelle bombe. La panique m'étouffe. J'ai peur de lui. Peur que la torture recommence. Je fume clope sur clope, tente d'anesthésier mon cerveau. Battement dans les tempes. Le mal de crâne est insoutenable.

Non. Tout mais pas ça. Tout mais pas ça. Non. Je ne veux pas qu'il sorte !

Aux oubliettes, liberté merveilleuse. La prison me pend au nez. J'appelle des amies. Impossible de me réjouir. Que faire ? Comment continuer ? Je ne veux pas qu'il sorte. Je veux vivre sans lui. Tout me revient à la figure. Me voilà à nouveau dos au mur.

*

Soir. Je pars le chercher. Il y a aussi Stéphane, un jeune photographe et Fernanda Eberstadt, une journaliste du *New York Times*. L'une de celles qui nous a rendu visite à la villa des Lilas. Nous lui avons servi la mascarade du couple parfait. Elle n'a évidemment rien remarqué.

Stéphane conduit. Une fois garés, nous passons cinq heures sous la pluie devant Fleury-Mérogis. Nous gelons dans le noir. Impossible de me lever du banc. Comme clouée par la peur. Mes jambes frigorifiées ne réagissent plus. Je pressens le cauchemar à venir. À quelques mètres des portes métalliques de la vraie prison, je vis mes dernières heures de liberté.

On discute. Je fais même des blagues. À chaque expiration, une vapeur chaude s'exhale de mon corps de plus en plus congelé. Je m'en grille une après l'autre. Je ne sais pas si j'aurai le droit de fumer quand il sortira. Je ne lui ai pas demandé l'autorisation. Une partie de moi est déjà une personne nouvelle et heureuse. L'autre partie est toujours la même, elle a l'habitude d'avoir peur. Elle doit jouer son rôle jusqu'au bout. Le spectacle n'est pas encore terminé.

Il sort. Tout le monde se jette sur lui pour l'embrasser. Les félicitations fusent de toutes parts. Il me serre fort dans ses bras, de façon démonstrative. Un journaliste prend une interview à chaud. Une exclu.

Nous montons en voiture. Direction Bastille, où aucun de nous deux n'a le droit de mettre les pieds. Il propose un tour d'honneur de la place, avec passage devant la Banque de France. Un geste d'hypocrite, une parade pour les journalistes et les fans.

Nous entrons dans un bar. Il paye sa tournée de vodka. Je commence à me sentir mal. Je n'arrête pas de penser à ce qui se passera quand nous nous retrouverons tous les deux. J'ai envie de renverser la petite table qui me comprime contre le mur et de partir en courant sans me retourner. Mais je reste assise, immobile, un sourire amer sur le visage.

Je le hais. Dans mes oreilles, j'entends bourdonner sa voix agressive, grondeuse. Il déblatère, tartine les oreilles de tout le monde de son mauvais français, ne laisse personne en placer une. Ses spectateurs sont subjugués par la grandeur de l'instant. Quelle faveur d'être aux premières loges pour entendre ces mots grandiloquents !

Je n'en ai rien à foutre. C'est de la comédie. Je suis seule à savoir ce qui m'attend. Je dis adieu à ma liberté, à ma dignité durement conquise. Je suis en deuil. Je fais semblant d'être joyeuse, de participer à ce moment grandiose. Je propose une deuxième tournée. Je bois à ma liberté. Lourdeur sur les paupières, j'ai sommeil. Toute la fatigue du passé vient s'écraser sur moi. Ce n'est que le début.

Nous restons seuls, dans une toute petite chambre, place de Clichy. Après la clameur de la nuit parisienne, le silence bruit dans mes oreilles. Les filles dorment depuis longtemps. À deux dans un petit lit, elles vaquent à la douceur de leurs rêves. Nous commençons à parler. Nous parlons jusqu'au petit matin. Sans évoquer ce qu'il m'a dit en prison. Nous rions, comme avant, comme de vieux amis ; à vrai dire, c'est surtout lui qui parle, il n'a quasiment adressé la parole à personne depuis onze mois. Je l'écoute, ce qu'il dit m'intéresse, ma fatigue est comme balayée d'un revers de main.

Au petit matin, les filles se réveillent et partent pour l'école. Nous décidons de récupérer un peu. Le sommeil ne vient pas. Cette première journée ensemble n'était qu'une illusion fragile, comme si les choses étaient encore possibles, que nous n'avions pas tout gâché pour toujours.

Villa Sadi-Carnot

Nouvelle maison, villa Sadi-Carnot. Le même quartier, dans le 19e. La villa des Lilas est à une ruelle de là. Je contourne notre ancienne maison par le côté. Comme une pièce de torture.

Nous emménageons. La maison est abandonnée depuis près de dix ans. Toiles d'araignée, saleté, murs jaunis, jonchés de couches de poussière qui s'amoncellent depuis des années. La même histoire. Mais cette fois, ce n'est pas une prison. Dedans, il fait chaud et sec, alors que dehors, les bruines automnales sont glaciales. La maison nous accueille avec chaleur. Nous lui rendons la pareille. Un mois après notre arrivée, nous habitons un foyer propre et lumineux. Où il est agréable de revenir et dont on n'a pas envie de partir.

Nous menons de longues conversations éprouvantes. Nous tournons en rond. La tension monte.

– Pourquoi tout ne peut pas redevenir comme avant ? Je t'aime.

– Non, ce n'est pas possible.

– Pourquoi ? Je suis passée par tant de choses. Je t'ai aidé pour la Banque de France. C'est grâce à moi que tu as fait l'action. Sans parler de tout ce que j'ai subi avant, sans me plaindre. Et tu prétends encore que tu me respectes. Non, ce n'est pas vrai.

– Je te respecte. Mais le problème n'est pas résolu.

– Quel problème ?

– Celui avec l'autre *tchiort*[1] du squat.

– Ça veut dire quoi ?

– Ça veut dire ça. Tu dois résoudre ce problème. Il doit prendre ses responsabilités pour ce qu'il a fait.

– Je ne comprends pas.

Une sensation terrible se fait jour dans ma poitrine. Ce n'est pas encore la fin. Il réclame vengeance.

– Il doit recevoir son châtiment. Être puni à la hauteur de ce qu'il t'a fait. Il t'a humiliée.

– Maintenant c'est moi qui dois l'humilier, c'est ça ? Comment ?

– C'est à toi de décider. Tu es sortie huit mois plus tôt que moi. Tu n'as rien fait. Pas même une tentative pour régler quelque chose en mon absence. Comme si tu ne comprenais pas ce que tu dois faire.

– Non, je ne comprends pas.

– Tu crois que tout va bien ? Tu comprends ce qui s'est passé, au juste ? Tu as été humiliée par un diable, vil et infâme. Nous avons été avilis tous les deux. Il faut réparer ça.

– Tu m'aideras à le faire ?

– Non, cette fois je n'y participerai pas. C'est à toi de le résoudre. Mais je te dis tout de suite que ça ne sera pas simple. Je ne t'incite pas à agir. C'est mon avis. Si

1. « Diable ». Personne basse moralement et physiquement, faisant partie de la caste inférieure des prisonniers. (NdT)

ça t'intéresse, je pourrais te dire ce qu'il faudrait faire, je pense.

– Bien sûr, dis-moi.

– Il faut qu'il soit humilié et qu'il souffre. Je ne sais pas comment et avec qui tu le feras. Tu n'y arriveras pas toute seule. Tu devras probablement l'enlever, le séquestrer quelque part. Tu ne pourras pas le faire dans la rue. Il doit être blessé et avoir honte. Par exemple, tu lui casses les jambes et le baises avec un objet. Et il faut que ce soit filmé. Force-le à implorer des excuses devant la caméra, à demander pardon à toutes les femmes et à toi en particulier, à promettre qu'il ne traitera plus jamais les femmes ainsi. Dis-toi bien que si quelque chose va de travers, ça ne comptera pas. Ça ne sera considéré comme une solution du problème que si tu vas au bout. Sache aussi qu'en France, pour séquestration avec torture, tu risques perpétuité. Demande-toi si tu es capable de le faire. Réfléchis bien.

– Putain. Tu me demandes de monter toute une affaire. C'est aussi difficile que de braquer une banque. Je suis seule, je ne peux pas organiser un truc de cette envergure.

– Parce que tu voudrais quoi ? Faire comme si de rien n'était, laisser le type se balader tranquillement dans Paris pendant que toi, tu es humiliée comme une merde ?

Une seconde durant, une pensée miroite dans mon esprit. Et si tout ça n'était que jalousie ordinaire ? L'amour-propre blessé d'un homme, maquillé sous des prétextes idéologiques. Une façon banale de venger sa femme. En lui faisant commettre la vengeance de ses propres mains.

C'est du délire. De la folie pure. Je visualise les scénarios qu'il propose. Un thriller défile devant mes yeux. Ce n'est pas la réalité. Il veut un vrai enlèvement, avec de la torture, quelque chose de bestial. À la seule fin de le satisfaire. Lui et son ego.

– Je ne pensais pas que le prix serait aussi élevé.

– À toi de voir, peut-être que tu auras une idée. Mais sache que lui pisser dessus et le filmer, ça ne suffira pas. Ce n'est pas une solution. Ça, ce sont des jeux d'enfants. À toi de voir. Je ne veux rien savoir. Les détails ne m'intéressent pas. Quand les flics viendront me voir, je n'aurai rien à voir avec ça.

– Mais tu comprends bien qu'après, je serai obligée de me cacher ou de quitter le pays. Et les enfants ? Et si les choses se passent mal et que je le tue ? Et si on me balance aux flics ?

– Alors, ça ne sera pas considéré comme une résolution du problème. Les enfants, je m'en occupe. Nous te rejoindrons après.

– Et on couchera ensemble, comme avant ?

– Oui. Et on couchera ensemble.

Je sais que ce qu'il me demande dépasse largement ce que je peux faire. Cela dépasse les limites de l'acceptable, les limites de l'humain. C'est incomparable avec tout ce que nous avons pu faire avant. Une tout autre catégorie. Si j'accepte, je perdrai tout. Les enfants, la liberté, ma vie. Pour le reconquérir, lui. Cela peut-il justifier le reste ? C'est le mal par le mal. Pourquoi m'incite-t-il à faire cela ? Il n'a nullement peur de me perdre. Ou alors, il est vraiment incapable de m'aimer après ce que j'ai fait ? Comme d'habitude, mon dévouement me fait agir en mode automatique. Je demande du temps pour y réfléchir. De toutes mes forces, j'essaie d'éviter de le décevoir, m'agrippe aux derniers brins d'espoir. Peut-être que j'arriverai à gagner du temps.

– D'accord. Je vais y réfléchir. Donne-moi deux mois pour trouver une solution. Je veux être avec toi. Je t'aime.

Les nouvelles règles de ma vie (carnets de notes)

Lever à 8 heures.
Café.
Plan de la journée.
Hygiène.
Choses à faire (liste à part).
Rendez-vous.
Cours de français, 3 heures par jour.
Soir : enfants, repos.
Ménage.

<u>Mes choses à faire</u>
La chose la plus importante, c'est de comprendre qui je suis, ce que je veux. Comment je vois l'avenir. Comprendre mes principes. Comprendre quelles sont mes qualités.
Identifier mes failles, celles qui provoquent une attitude irrespectueuse à mon égard (reconnaître en quoi elle consiste, l'identifier si elle se manifeste).
Me convaincre de protéger mes limites, être sans crainte et me défendre dès qu'elles sont franchies.
Lire tout ce que je voulais lire depuis longtemps, lire en prenant des notes, lire pour de vrai.

<u>Mes buts</u>
Me faire une liste de lecture.
Écrire plus méthodiquement, tous les jours si possible.
Travailler et corriger mes textes.
Apprendre à me concentrer, à focaliser mon attention.
Apprendre le français.
Croire en moi.
Réussir à définir mon identité, à dire qui je suis.

La séparation

– On en a déjà parlé cent fois. Tu as peur d'agir. Très bien. Alors tu t'assois et tu écris un post.

– Je croyais que tu voulais un papier. Tu m'as demandé de signer un papier. Ça ne suffit plus ?

– Non, j'ai réfléchi à ce que tu m'as dit pour le juge. Tu as raison. C'est délicat. Mieux vaut ne rien signer. La paperasse, c'est le boulot des flics. Écris un post sur Facebook, ça suffira. Au cas où tout d'un coup, tu reviendrais la queue entre les jambes. Il faut que ce soit public, que tout le monde connaisse notre statut. Comme ça, c'est officiel. Sans ambiguïtés. Écris un post et c'est bon.

– J'écris quoi ? Je ne sais pas.

– Dis les choses comme elles sont.

– Qu'on s'est séparés ?

– Non, pourquoi séparés ? Écris que tu m'as viré. Tu es en train de me virer, là.

– Comment ça, je ne te vire pas.

– Tu ne veux pas résoudre le problème. Et moi je ne peux pas rester ici dans ces conditions. Donc tu as pris une décision.

– C'est toi qui as pris une décision. Ce n'est pas ma décision. J'aimerais tout résoudre autrement. Je suis prête à tout oublier et à recommencer. On en a déjà parlé mille fois. Ce que tu me demandes est insensé. Comme si personne n'avait jamais droit à l'erreur.

– Si, bien sûr. Tout le monde a droit à l'erreur. La question c'est ce que tu fais après, comment tu la répares. Jusqu'à maintenant, tu considères qu'il ne s'est rien passé de grave. Tu ne me donnes pas raison. Tu fais mine d'être d'accord mais intérieurement, tu résistes. C'est pour ça que tu ne fais rien. Assume que tu en as marre de moi. Depuis longtemps. Tu ne veux plus rien en réalité.

– Non, je t'aime. Je veux tout réparer. Mais pas de cette façon-là.

– Donc tu ne veux pas. Alors écris ce post et je m'en vais.

– Pourquoi je dois tout le temps faire des choses contre mon gré ? Je ne veux pas écrire ce post. C'est ton désir et pas le mien. Je ne vais pas l'écrire.

– D'accord, ne l'écris pas, et on continuera à parler de la même chose tous les jours, jusqu'à ce que tu résolves le problème ou que tu écrives ce post.

– C'est de la folie. Tu ne me laisses aucun choix.

– C'est ta décision.

– Non. La tienne.

– Donc. Tu écris ce post ?

– Sinon tu ne partiras pas ?

– Non.

Il est assis à ma gauche. Si proche. Penser à l'abîme dans lequel son départ me précipitera me dépasse. Nous nous séparerons. Il disparaîtra de ma vie pour toujours.

C'est le soir. Les filles jouent en haut. J'entends leurs rires.

Je réalise que je suis déjà dans cet abîme depuis longtemps.

– D'habitude, tu prends tout comme si c'était un jeu. Dis-toi que c'est le cas maintenant aussi. Écris le post.

Je souris.

– Très bien, j'écris quoi ?

– Écris : « C'est fini. J'ai viré Piotr car j'en avais assez de tout ça. »

J'écris ce qu'il me demande. Il s'approche, regarde derrière mon dos. Il est content.

– Très bien. Publie maintenant.

Il s'éloigne d'un pas résolu. C'est fini.

Le post apparaît dans mon fil Facebook.

Il commence à plier ses affaires, les range dans les sacs que j'ai cousus quelques jours avant. J'ai fabriqué le premier à partir de la tente de Piotr Verzilov, le fondateur du groupe activiste Voïna[1], j'ai cousu l'autre avec la machine de l'ancien professeur de dessin de Piotr. Il y range ses affaires. Pétrifiée, j'attends qu'il parte. Et tout s'arrêtera. La nuit m'avalera à jamais. Je cesserai d'exister.

Dehors il pleut, la nuit est tombée.

Son visage fait peur à voir. Les traits tirés, les angles habituels acérés. Seuls ses yeux me percent avec déception. Je détourne le regard.

Il est prêt.

Les filles descendent l'embrasser. Alisa pleure doucement.

Il pose ses clés sur une étagère. Sort dans l'obscurité d'un pas déterminé. Je lui ouvre la porte de la grille du

1. Voir p. 84.

jardin. Sans dire un mot, il s'en va. Des gouttes de pluie tombent sur son dos large, sa silhouette s'éloigne dans la pénombre orangée, elle se dissout dans la nuit.

Vidée de mes forces, je retourne dans la maison. Nous nous enlaçons avec les filles. Nous restons toutes les trois. Un sentiment de joie et de liberté se diffuse dans la région du cœur.

Pour l'instant, je continue à tomber.

L'atterrissage sera brutal. Mais pas aujourd'hui.

Aujourd'hui, je fête ma liberté !

Le vent

Je sors de la maison pour une course triviale, faire une croix dans ma liste de tâches. Dehors, la vie quotidienne et son ennui.

Et là, le vent. Tout de suite, je le sens, je marche avec lui, il m'accompagne. Son souffle me pousse dans le dos. De fortes rafales d'air frais gonflent mon manteau, s'immiscent sous mes vêtements, comme pour en déloger tout ce qui est vieux et décrépi. Chaque cellule de peau se renouvelle.

Je me sens soustraite à la gravité. En suspension. Je vole. Mon corps inspire et s'imprègne de la fraîcheur. Prêt à supporter les bourrasques, il se délecte de chaque rafale, de l'interaction avec l'environnement, des facilités de s'y mouvoir, épuisé par la lutte intérieure des derniers jours à la maison.

Le soleil déclinant enrobe doucement mes pas, moment de passage fragile vers l'obscurité hivernale. L'heure où je regarde les choses s'en aller avec bravoure. Les accueille, avec une sensation de lumière. Le crépuscule est plus tendre que l'aube.

Paris, ses petites rues sales, ses façades, musique et odeurs orientales rue de Belleville, rumeur des petits cafés se remplissant à la tombée de la nuit, Parisiennes vieillissantes aux joues ridées et aux lèvres écarlates, sirotant leur breuvage du bout des lèvres. Les fragments de conversation des passants, les yeux noirs magnifiques de l'inconnu au coin.

Le vent m'a portée jusqu'à mon but. Mission accomplie. Je fais demi-tour. Le même chemin et toujours le vent comme compagnon.

Je vois une silhouette. Sa silhouette. Mon sang crépite, la chaleur envahit mon visage. Une minute plus tôt, la pensée avait fulguré dans mon esprit : « Et si je le croisais ? »

C'est lui. Il est réel. Il existe. Il marche comme moi, rue de Belleville.

Le temps ralentit subitement, étirant cette seconde à l'infini.

Ses yeux sourient. Son regard infiniment proche.

Il s'arrête sur moi un instant et continue à regarder devant lui, se tourne vers l'avenir.

Il passe devant moi comme un inconnu.

Le sang descend dans ma poitrine, mes bras, me fige tout entière. Je fais un pas dans le vide.

Tout le travail que j'ai accompli pour me reconquérir est annulé par le simple fait de son existence. Et tout ce que je peux faire, c'est continuer à marcher, au gré des bourrasques.

Le vent me prend sous son aile, m'attrape par les épaules, me dit que la vie est mouvement, la souffrance une partie du chemin, une courte latence dans l'impasse de l'existence. Au retour de ma course anodine, nous marchons côte à côte.

La lettre R

La journée commence comme prévu, les choses suivent leur cours. Je sais où je vais et ce que je fais. De but en blanc, mes doigts se mettent à taper son nom dans la barre de recherche de Facebook. Le vide m'engloutit. Oubliés, les projets du jour. Ne reste que lui. Son visage. Et voilà que la panique m'assaille. Il est vivant. Il fait des choses, il écrit à des gens.

Je prends conscience de la maison déserte où je me trouve. De la peinture inachevée sur les murs. J'épie sa vie. Et à chaque fois, à ces moments, je me dévalue.

Je constate que je ne suis pas capable de supporter qu'il vive, qu'il continue à habiter sa vie. Alors qu'est-ce que je veux ? L'arrêt de sa vie, sa mort ?

Pour être sincère, oui. Car pour moi, c'est exactement ce que notre séparation veut dire. Je suis morte.

Sa présence m'a toujours écrasée. Avec sa grosse voix et sa façon de parler, il marquait bien plus fortement les gens que moi. Je nous comparais depuis plusieurs années déjà. Il impressionnait tous ceux qui le rencontraient. Il les stupéfiait, les influençait, les transformait.

Je me souviens d'un échange, à l'intersection de la rue Nakhimova et de la rue Nalichnaya, à Saint-Pétersbourg, au même croisement où il m'avait conseillé d'entrer au couvent, si jamais nous nous séparions.

La nuit était bien entamée, nous prenions congé de connaissances avec lesquelles nous avions passé la soirée. À l'époque, Piotr était étudiant et voulait devenir artiste. Un gars a dit que sa prononciation de la lettre « R » l'avait empli de joie pendant toute la soirée. Même à l'époque, les gens tombaient sous son charme. Pourtant, son envergure, sa consistance ne sont venues que bien plus tard.

Quant à moi, sa voix m'avait agacée dès le début. J'avais pensé d'emblée : quel garçon mignon et quelle voix désagréable.

L'inquiétude de la grille

Les feuilles jaunies, la grille du jardin invariable sous mes yeux, la rue sombre. Une boule ronge et brûle ma gorge, un liquide acide et chaud s'échappe de mes yeux. Ça arrive sans prévenir, en plein milieu d'une discussion joyeuse des enfants, dans la chaleur du foyer, au milieu de la rue. Ça monte depuis la poitrine, le cœur et coule le long des joues. Ça repart. La première bouffée d'air frais que j'inspire le matin, sans lui, me surprend par sa fraîcheur, par sa réalité, la preuve que la vie continue alors même que je pensais qu'elle s'arrêterait après que la porte s'est refermée sur lui.

Non. La Terre continue de tourner.

Ayant survécu à deux séparations importantes avant celle-ci, je sais que tout s'oubliera, s'atténuera. Je me souviendrai de détails, mais ce ne seront plus que des images plates et sans relief, aux teintes délavées. Je cesserai d'être une plaie ouverte. Un jour ou l'autre.

Pour l'instant, la boule et l'acide ravagent ma poitrine et mes yeux. Ma raison fébrile me vient en aide. Elle dépose quelques pensées constructives, des désirs. Elle met le corps en mouvement. Faire, c'est ce qui me sauve. Continuer à bouger, ne pas rester immobile, m'occuper les mains et la tête, alors le cerveau anesthésie les émotions. Éteindre la douleur est au-dessus de ses forces. Elle vient du cœur. La raison n'en dispose pas.

Les douze années de notre vie commune, côte à côte, adossés l'un à l'autre, sont passées. Nous étions une force, une molécule, un reflet mutuel. Notre dialogue – ininterrompu depuis notre première rencontre – s'est tu. Maintenant c'est chacun pour soi.

Nous nous adresserons encore longtemps à l'autre en pensées. Nous tressaillirons, en apercevant la silhouette de l'autre au loin, en devinant sa voix familière. Nous nous habituerons à vivre séparément. Sans entendre le bruit de la clé tourner dans la serrure le soir, sans personne à qui écrire « achète du pain au retour », avec qui partager la joie d'une journée accomplie, les nouvelles pensées qui ont traversé l'esprit, les réussites des enfants ou simplement une bonne blague. Nous ne vieillirons pas ensemble. Nous mourrons dans des vies parallèles.

La grille du jardin et la cigarette terminée me ramènent à la réalité. Je m'aperçois que je suis là. Et que je tourne en rond.

Le silence

Une rue calme et déserte, s'estompant dans l'obscurité naissante de l'hiver. Au loin, Paris continue à vibrer, grouille de monde, sirènes policières, enseignes colorées, la grande ville pulse et brille de tous ses feux. Dans le calme de mon petit quartier en périphérie, tout cela m'atteint à peine.

Je tends la main pour attraper une tasse de thé, perçant la torpeur figée de la chambre. J'entends des voix à l'extérieur, des rires de femme déchirent le silence tendu.

Le silence est en moi, aussi. Je m'habitue à vivre avec.

Bientôt, les filles rentreront de l'école, emplies de leurs impressions du jour et de leurs discussions, et la maison s'animera à nouveau. Le silence disparaîtra.

Je suis heureuse du silence de mon existence. Je dialogue avec l'éternité qui m'habite, des sons en émergent furtivement avant de s'enfouir à nouveau. Le reflet de mes yeux a changé, j'ai remarqué depuis longtemps que leur couleur évolue en fonction de mon état. En ce moment, ils sont d'un vert brumeux. Une ride profonde s'est installée entre mes sourcils, la tension a clos mes lèvres.

Depuis l'enfance, j'étais une révoltée. J'étouffais dans le quotidien petit-bourgeois de mes parents, l'odeur du poisson frit les samedis, la cuisine standardisée, couverte de tapis feutrés. J'étais en guerre contre le caractère sans gêne de ma mère, qui débarquait dans ma chambre à n'importe quelle heure, sans frapper. Je ne supportais pas le glapissement des voix agacées, qui se parlaient en s'interpellant par-dessus les cloisons. J'étais une étrangère dans cette famille grossière, j'étais un oiseau sauvage qui guettait l'instant où la cage s'entrouvrirait. Mes congénères ne supportaient pas le silence, une télévision dans chaque chambre, toutes allumées en même temps. Leur bruit alternait avec les cris, les engueulades et l'aspirateur dès 8 heures le week-end. Ils avaient peur du silence à en mourir, peur de rester seuls avec leurs pensées.

Les livres ornaient les murs comme des décorations, comme un fier souvenir du système des cartes de rationnement. Depuis cette époque, les noms de Walter Scott et d'Alexandre Dumas sont restés associés dans mon esprit à l'absence de goût et à la vacuité intellectuelle. Personne n'avait jamais lu ces livres. Les noms dorés miroitaient sur les couvertures aux reliures bleues et vertes. Pâles charognes.

Je lançais des assauts sur leurs bibliothèques, espérant y trouver de la vie. Une fois, j'ai eu de la chance. Je suis tombée sur le marquis de Sade, peureusement caché au fond d'une étagère. Ce soir-là, j'ai commencé à vivre. Attisée par le feu du désir, j'ai accosté un continent de mots inouïs, de figures inexplorées, exhalant la douceur de la transgression. Je ne comprenais presque rien de ce que je lisais, mais je sentais l'esprit, je m'abreuvais des pages, un vent sombre fouettait les rues, sur les murs les assiettes tressautaient et les voix stridentes couvraient le bruit du téléviseur. Des journées insignifiantes se terminaient.

Là-bas, dans le Grand Nord, dans ma chambre misérable aux meubles brun laqué, j'avais compris que j'étais différente, que j'avais soif de grandeur, que je voulais vivre. Cette vie derrière le mur n'était pas la mienne et j'aurais fait tout mon possible pour la quitter pour toujours.

Maintenant, le silence est mon abri, mon refuge. J'entends mes pensées, les émotions se transforment en mots, sous mes doigts jaillissent des significations nouvelles. Je me souviens de mon enfance oubliée depuis longtemps. Les images ressuscitent au fil des pages. Au cœur du silence, je deviens une partie du grand rien. J'existe.

Épilogue

En Russie, il n'y a pas de traitement de faveur pour les « victimes », on a plutôt tendance à les mépriser.

Les femmes sont obligées d'être fortes. Elles doivent lever la tête et prendre leurs responsabilités pour tout ce qui leur arrive. Notamment pour leurs relations avec les hommes. En Russie, admettre que l'on est une victime est quelque chose de honteux. C'est pour cela que j'en ai longtemps eu honte. Désormais, je commence à le reconnaître. Un temps, j'ai été la victime de Piotr.

Mais ce n'est pas cela, l'essentiel. Ce qui m'importe, c'est de comprendre pourquoi je l'ai laissé me traiter ainsi, pourquoi j'ai supporté cela. Comment ai-je pu le laisser prendre ce pouvoir, le contrôle entier de mes pensées et mes actes ? Pourquoi lui ai-je délégué la responsabilité de ma vie ?

Être sous l'emprise de quelqu'un, c'est être une victime. Pas de bourreaux sans victimes.

Piotr est responsable de ce qu'il a fait de moi. Et moi aussi, je suis responsable de ce qu'il a fait de moi.

Je sais qu'en France, on déteste entendre cela. Au regard du droit, il faut une victime d'un côté, une blanche colombe innocente, et de l'autre, un tortionnaire, un salaud, un boucher. C'est noir ou blanc. Mais la vie est faite d'un million de nuances entre ces deux extrêmes.

Je sais que nous, les Russes, nous passons souvent pour des personnes brutales, dénuées de sentiments et d'empathie. C'est dur à entendre, mais c'est vrai. En Russie, on ne montre pas ses émotions. On ne parle pas de ce que l'on ressent et surtout, on n'exhibe pas sa souffrance.

On nous apprend que les émotions, c'est pour les faibles. Dès l'enfance, nous nous faisons frapper par nos parents, nos profs nous humilient à l'école, on s'endurcit dans la rue. On survit en serrant les dents. C'est une honte de pleurer. On cache ses larmes. Se plaindre, cela ne se fait pas. C'est pour cela que Piotr a pu garder le dessus tout ce temps. Dans ma culture d'origine, on ne perd pas la face. Même vis-à-vis de celui qui nous frappe, nous viole et nous rabaisse. Quand nous étions tous les deux, même aux moments les plus terribles, je ne montrais jamais rien. Je devais être forte. Toujours.

J'ai voulu consigner ce qui m'était arrivé. Garder une trace de cette histoire qui m'appartient au même titre qu'à lui. Mais mon but n'est ni de le juger ni de me venger : je veux regarder ce qui s'est passé en face et l'accepter pour nous deux, puisque je sais qu'il ne l'admettra jamais.

Ce livre a d'abord été une façon pour moi de sortir de la situation d'emprise. En écrivant ce livre, je cherchais à savoir qui j'étais. Je me reconstruisais, jour après jour, morceau par morceau. J'apprenais à m'écouter. À me voir autrement qu'à travers ses yeux. Timidement, j'établissais les nouvelles règles de ma vie, radicalement distinctes des siennes. Sans me sentir coupable de ne pas respecter ses règles.

Il continue à régenter une partie de ma conscience. Sa voix résonne toujours dans ma tête. Je rêve de lui presque chaque nuit. Mais je parviens de plus en plus facilement à me concentrer sur moi, mes désirs, mes besoins.

Je suis partie et je suis revenue plusieurs fois, avant d'apprendre ma leçon. Avant qu'il ne mette la barre trop haut et que je commence à craindre pour ma vie. C'est un miracle que j'aie réussi à lui dire non à l'époque. Que tout se soit arrêté. C'était un geste désespéré, un saut dans le vide. Je pensais que sans lui je mourrais, que je ne sourirais plus jamais.

Il s'est avéré que c'était cela, l'action la plus forte de ma vie. Pas le fait de me couper le doigt. Mais de faire ce pas à ma propre rencontre. Je suis sortie du cercle vicieux d'autodestruction et de haine envers moi. J'ai cessé de chercher mon bonheur chez les autres. Je l'ai trouvé en moi-même. Je n'ai plus rien à prouver à personne. Je sais ce que je vaux. Je sais que je suis belle, que je suis intelligente.

Ce que j'ai vécu, c'est une expérience extrême, une expérience limite, comparable au vécu des prisonniers, des rescapés des camps. Chaque nuit, je fais encore le même cauchemar. Je me vois en train de mourir. Je meurs et me réveille en criant. Je meurs et ressuscite tous les jours.

D'après lui, je souffrais d'un trouble dissociatif. Et c'était le cas. Je vivais dans plusieurs réalités parallèles. Dans l'une, j'étais la sœur d'armes, la camarade de lutte. Dans l'autre, un corps, un objet dont il pouvait faire ce qu'il voulait. Je devais passer d'une réalité à l'autre, sans devenir folle.

J'étais en enfer quand j'ai commencé à écrire, dans une situation sans issue. Tout s'est effondré. Je suis restée seule, avec mes deux filles, dans un squat illégal à Paris, avec seulement un billet de cinq euros en poche. Sans la moindre perspective d'avenir. Ni de présent. Je n'avais que moi sur qui compter.

Je me suis assise à mon bureau et je me suis mise à écrire. Moi qui selon Piotr étais incapable d'exposer une pensée de façon claire. Moi qui, d'après lui, étais incapable de raconter une histoire sans perdre mon auditeur. Quand j'ai décollé les doigts du clavier, un texte long de plusieurs pages me faisait face. Mon étonnement était sans limites.

J'écrivais les scènes qui me revenaient à l'esprit. Je n'y réfléchissais pas, je n'analysais pas. Je fixais le papier. Sans m'impliquer émotionnellement. Comme si c'était l'histoire de quelqu'un d'autre. Pendant plusieurs mois, j'étais au plus bas. J'essayais de me distraire par tous les moyens à ma disposition. Mes filles, les promenades, le cinéma, l'alcool, les cigarettes, les amis. Presque tout notre entourage commun avec Piotr s'est détourné de moi. Seules quelques personnes sont restées, surtout des femmes. Elles m'ont soutenue pendant tout ce temps. La colère et la haine bouillonnaient en moi. Je suis devenue agressive, je regardais le monde avec rage. Quelques mois ont passé.

J'ai découvert différentes approches de travail sur soi.

Ma tension et ma violence intérieures ont diminué. Je me suis sentie vivante, pour la première fois. J'ai appris à contrôler le flux de mes pensées, à m'écouter, à me comprendre, à m'aimer, à me consoler. J'ai compris à quel point j'avais été loin de moi-même, pendant toutes ces années avec Piotr. Je vivais dans une prison de haine. Je confondais souffrance et amour, torture et preuves d'amour. Je prenais mon bourreau pour mon amant.

Pour citer l'expression préférée de Piotr, j'arrive enfin à « appeler les choses par leur nom ». Nommer la réalité. C'est aussi ce que je souhaite à toutes les personnes se trouvant dans une situation similaire, qui liront ce livre.

Je comprends maintenant que si j'ai laissé cette relation entrer dans ma vie, ce n'était pas ma faute. C'était un enchaînement de circonstances, qui a commencé longtemps avant ma naissance, peut-être même avant celle de mes parents. Le traumatisme se transmet de génération en génération. Notre société est ainsi faite. En Russie, nous avons été élevés par des personnes qui ont elles-mêmes été élevées ainsi. Sans amour.

On nous disait que l'amour se mérite. Que personne ne nous aimera juste comme ça, pour nos beaux yeux. Que pour être aimée, il faut devenir quelqu'un d'autre. Ce sont justement ces manques, dans notre éducation, qui ouvrent la voie à la violence.

Certains vous contraignent à les aimer par la force, d'autres tentent de mériter l'amour en s'abaissant plus bas que terre. Mais le jeu est le même.

Au fond de nous, il y a cette petite personne, qui n'a pas reçu l'attention et le soutien de ses parents aux moments où elle en avait le plus besoin. Un regard bienveillant pour la rassurer, la chaleur d'une tape réconfortante sur l'épaule, d'un sourire familier. Nous nous démenons pour prouver que nous sommes dignes d'amour. Cela peut sembler banal mais notre bonheur est en nous.

Je vis toujours à Paris avec mes deux filles. Alisa a 12 ans, Liliia en a 9.

Actuellement, je tente de résoudre mes problèmes de logement.

J'écris beaucoup.

Dans les prochains temps, j'aimerais créer ma chaîne YouTube.

J'espère que ce livre fera plaisir à Piotr, lui qui combat l'hypocrisie en France avec tant de ferveur. J'espère qu'il appréciera cette opportunité de mettre en lumière une vérité enfouie, même s'il s'agit cette fois de sa vie privée. Il faut apprendre de ses erreurs. Tout le monde peut tirer des leçons de son histoire.

Table

Table

Composition et mise en pages
Nord Compo à Villeneuve-d'Ascq

CET OUVRAGE
A ÉTÉ ACHEVÉ D'IMPRIMER
SUR ROTO-PAGE
PAR L'IMPRIMERIE FLOCH
À MAYENNE EN JANVIER 2021

N° d'impression : 97610
Imprimé en France